독일 대도시시 연구

독일 대도시시 연구

지 은 이 박찬일
펴 낸 곳 연세대학교 출판부
주 소 서울특별시 서대문구 성산로 262
전 화 (02) 2123-3380~2
팩 스 (02) 2123-8673
E-mail ysup@yonsei.ac.kr
홈페이지 http://www.yonsei.ac.kr/press
연세대학교출판부
인 쇄 네오프린텍(주)

2008년 8월 30일 1판 1쇄
ISBN 978-89-7141-852-9 (93850)

값 10,000원

독일 대도시시 연구

박찬일 지음

연세대학교 출판부

“이 연구는 2005년 정부(교육인적자원부)의 재원으로 한국학술진흥재단의 지원을 받아 이루어졌다.”
(KRF-2005-043-과제번호)

머리말

'독일 대도시시'에 관한 한 그동안의 국내 연구는 '충분'하지 못했다. 독일 대도시시의 정점이라고 할 수 있는 표현주의의 '대도시시'에 대한 연구가 '부분'으로서 존재했을 뿐이다('표현주의 대도시시'에 대한 연구로 '김숙희, 「표현주의 시에 나타난 도시와 현대성」, 『독일문학』, 제76집 41권 4호, 2000'; '문병호, 『서정시와 문명 비판』, 문학과지성사, 1995' 등이 있다).[1)]

---

1) 김원익은 그의 「릴케의 『말테의 수기』와 대도시 문제」(연세대학교 박사학위 논문, 1995)에서 릴케의 『말테의 수기』를 대도시시로 간주함으로써 대도시시의 외연 확장에 공헌하였다. 김용민이 그의 역저 『생태문학』(2003)에 넣은 「대도시와 산업문명에 대한 릴케의 비판」, 「『말테의 수기』와 대도시 문제」들도 이 방면의 탁월한 업적이라고 할 수 있다.

자연주의 시대의 홀츠의 '대도시시'에 대한 연구 및 사실주의 시대의 켈러와 슈토름의 '도시시'에 대한 연구는 그동안 전무했던 것으로 보인다. 본인이 홀츠의 대도시시에 대해 「자연주의와 모더니즘 – 홀츠의 이론 및 작품들을 중심으로」(『독일언어문학』, 제20집, 2003)에서 짧게 언급한 적이 있을 뿐이다. 독일 '대도시시'에 대한 강의 또한 '독일시의 이해', 혹은 '독일문학사' 강좌들에 섞여 부분적으로, 비체계적으로 이루어졌다고 볼 수 있다.

'독일 대도시시'에 대한 연구를 전체적으로, 체계적으로, 심층적으로 시도해보고자 한다. 먼저 사실주의 시대의 켈러와 슈토름의 '도시시'들을 다룬 다음, 자연주의 시대의 홀츠의 '대도시시'를 다룰 것이다. 대도시시는 홀츠에 의해 처음 명명되었다. '대도시시'의 정점에는 표현주의가 있다. '대도시시'는 표현주의 시대의 하임(특히 시 「도시의 신」)에 의해 본격적으로 전개되었다. 이후 독일의 대도시시는 표현주의 시대의 판 호디스, 청년 벤(특히 벤의 첫 시집 『시체공시소 · 기타』)들을 통해 외연을 확장시키고, 내연을 심화시키게 된다. 대도시시와 관련하여 청년 브레히트의 「불쌍한 베베」를 빼놓을 수 없다. 「불쌍한 베베」는 대도시시의 전형적인 특징을 보여주었다. 중요한 것은 사실주의, 자연주의, 표현주의 시대의 (대)도시시들의 상호관련성 및 상호차별성이다. 사실주의, 자연주의, 표현주의 시대의 여러 (대)도시시들을 상호관련성 및 상호차별성이라는 관점에서 접근함으로써 '다양한 (대)도시시 이해'에 도달할 수 있을 것이다.

사실주의 시대의 '도시시'와 자연주의 시대의 '대도시시'가 비교됨으로써, 사실주의와 자연주의의 미적 특성 및 시대적 특성 또한 드러나게 될 것이며, 자연주의의 대도시시와 표현주의의 대도시시가 비교됨으로써, 자연주의와 표현주의의 미적 특성 및 시대적 특성 또한 드러나게 될 것이다.

2008. 4. 7. 산본의 서가 아래에서.

박찬일 씀.

차 례

01

'사실주의'의 도시시

– 켈러와 슈토름의 시들 –

사실주의는 객관의 사실주의이다. 그러나 19세기 독일의 사실주의는 객관과 주관의 사실주의이다. '詩的 사실주의'이다. 셸링의 '동일성 철학Identitätsphilosophie'에 기반하는 것으로 객관과 주관의 화해, 자연[현실]과 정신의 화해가 나타난다. 화해의 문학이므로 독일 이상주의미학의 전통에 놓여 있다.

시적 사실주의 문학은 화해의 문학이므로 그동안 산업사회의 모순을 은폐·호도하는 문학으로 간주되었다. 발작, 디킨스, 톨스토이들의 비판적 사실주의,

그 이후의 사회주의적 사실주의들과 비교되면서 사실주의의 本流에서 벗어난 것으로 간주되었다. 그러나 시적 사실주의는 이성주의 · 합리주의 일변도에 반대하였다는 점에서 그 이전의 질풍노도운동, 낭만주의를 계승한 것이다. 객관적 현실뿐만 아니라, 개인의 주관적 정서 또한 중요시하였다는 점에서 현대의 다원주의 문학관을 선취했다고 볼 수 있다.

다음의 시를 '객관과 주관의 시'라고 해서 '화해'의 시라고 볼 수 없다. 모순을 은폐 · 호도했다고 볼 수 없다. 켈러G. Keller(1819~1890)의 「도시에서In der Stadt」라는 시. 全文.

꾸불텅하고 좁은 세 개의 길이 교차하는 곳.
행렬 세 개가 갑자기 부딪치더니
곧바로 실타래처럼 엉켜버리고
더 나아가지 못한다. 웅성대는 군중.

날카로운 북소리를 내는 보초교대 행렬 하나.
바이올린을 동반한 화려한 결혼식 행렬 하나.
輓歌를 구슬피 불러대는 장례 행렬 하나.
모든 행렬들이 한 걸음도 나아가지 못한다.

바이올린 및 북소리가 끊기고 장례위원도 말을 닫았다.
뚱뚱한 대위는 아무도 비키지 않는다고 욕하고
결혼식 행렬에서는 哄笑가 터져나온다.

검은 상복의 運柩者들 어깨 위 정중앙에는
屍身이 차갑게 고요하게 응시하고 있다,
보이지 않는 눈으로, 구름의 운행을.

Wo sich drei Gassen kreuzen, krumm und enge,
Drei Züge wallen plötzlich entgegen
Und schlingen sich, gehemmt auf ihren Wegen,
Zu einem Knäul und lärmendem Gedränge:

Die Wachtparad' mit gellen Trommelschlägen,
Ein Hochzeitzug mit Geigen und Gepränge,
Ein Leichenzug klagt seine Grabgesänge -
Das alles stockt, es kann kein Glied sich regen.

Verstummt sind Geiger, Pfaff und Trommelschläger,
Der dicke Hauptmann flucht, dass niemand weiche,
Gelächter schallet aus dem Hochzeitzug.

Doch oben auf den Schultern schwarzer Träger
Starrt in der Mitte kalt und still die Leiche
Mit blinden Augen in den Wolkenflug.

14행시로서 소네트 형식을 취하고 있다. 소네트는 두 개의 4중주연Quartett과 두 개의 3중주연Terzett으로 구성된다. 일반적으로 두 개의 4중주 연은 각각 명제·반명제를 이끌면서 주제를 부각시키는 역을 한다. 두 개의 3중주 연은 명제·반명제의 대립을 마무리시키는 역을 한다. 두 개의 3중주 연에서 종합명제가 드러난다. 두 개의 4중주 연과 두 개의 3중주 연이 긴장과 긴장 해소의 관계에 있다고 할 수 있다.

켈러의 「도시에서」는 두 개의 4중주 연이 명제·반명제의 관계에 있는 것이 아니라, 두 개의 4중주 연과 두 개의 3중주 연이 명제·반명제의 관계에 있다. 명제·반명제의 관계는 대치의 관계이다. 두 개의 4중주 연과 두 개의 3중주 연이 대치의 관계에 있다.

앞의 두 개의 4중주 연을 특징짓는 것이 "실타래처럼 엉"킨 "행렬"·"웅성대는 군중"이라면, 뒤의 두 개의 3중주 연을 특징짓는 것은 첫 번째 3중주 연의

"바이올린 및 북소리가 끊기고 장례위원도 말을 닫았다"는 것, 무엇보다도 두 번째 3중주 연의 "구름의 운행을" "고요하게 응시하"는 "屍身"이다.

첫 번째 3중주 연에서 "바이올린 및 북소리가 끊기고 장례위원도 말을 닫았다"고 한 것은 두 번째 3중주 연을 예비한 것. 두 번째 3중주 연은 '정적'의 3중주 연이다. 두 번째 3중주 연이 반명제의 핵심이다.

명제와 반명제 둘만 있다면, 종합명제가 없다면, 명제와 반명제 둘 다 강조되어야 한다. 명제와 반명제 둘 다 주제가 된다.

명제에 대하여: 도시의 번잡·혼잡을 나타내고 있다. 좁은 길에서 3개의 행렬, "보초교대 행렬", "결혼식 행렬", "장례식 행렬"이 얽히고설켰다. 대도시시 이전의 도시시의 한 예로서 '번잡·혼잡', 혹은 '얽힘·설킴'이 문학적 주제로 등장한 것이다. "군중"은 이후의 대도시시의 단골 메뉴였다. 군중의 밀침, 인간의 팽창은 대도시시의 단골 메뉴였다.[1)]

반명제에 대하여: 이 시는 '도시시'답게 '움직임'의

1) 이 책 제3부 「표현주의; 대도시시의 정립」, 50-52면 참조.

시이다. "보초교대 행렬", "결혼식 행렬", "장례식 행렬"이 움직임이다. 그리고 "구름의 운행"이 움직임이다. 같은 움직임이지만 앞의 3개의 행렬과 구름의 운행 사이에는, 행렬과 운행 사이에는, 중요한 의미론적 차이가 존재한다. 앞의 세 행렬에는 목표가 있다. 행렬(行列)은 목표의 행렬이다. 구름은 이에 반해 목표를 갖고 움직이지 않는다. 이리저리 떠돌아다닌다. 이리 운행하고 저리 운행한다. 행렬이 직선의 행렬이라면 운행은 곡선의 운행이다. 행렬을 목적합리주의적 삶에 대한 알레고리라고 할 수 있다. 운행은 反목적합리주의적 삶에 대한 알레고리이고.[2)] 켈러는 각운이 같은, 행렬의 Zug와 운행의 Flug을 의도적으로 사용함으로써 의미론적으로 상호 비교되게 하였다. Zug[기차, 행렬]는 한 방향으로 가는 것을 나타내지만, Flug [비행, 운행]는, 새들의 비행이 그렇듯, 한 방향으로 가는 것을 나타내지 않는다. Zug는 집중이고 Flug는

---

2) 목적합리주의적 삶에 반대하는 것은 보들레르 및 그의 추종자들이 "현대 기술의 功利主義的 기능과 목표"(미하엘 함부르거, 『현대시의 변증법』, 이승욱 옮김, 지식산업사, 1993, 321면)에 반대한 것과 맥을 같이 하는 것이다.

분산이다.

이 시에 접근하는 또 하나의 열쇠어는 그로테스크이다. 「도시에서」는 그로테스크한 느낌을 주는 그로테스크의 시이다. "屍身이" "구름의 운행을" "응시하"고 있다고 한 것이 그로테스크하다. 웅성대는 군중과 屍身의 대비가 그로테스크하다. 屍身이 구름의 운행을 응시하는 것이 그로테스크한 것은 屍身은 죽음의 屍身이고 응시는 삶의 응시이기 때문이다. 구름 역시 움직임의 구름이므로 삶의 구름이기 때문이다. 웅성대는 군중과 屍身의 대비가 그로테스크하다는 것은 다른 말로 하면 보초교대 행렬, 결혼식 행렬, 장례식 행렬과 屍身의 대비가 그로테스크하다는 것이다. 행렬은 삶의 행렬이고 屍身은 죽음의 屍身이기 때문이다. '죽음의 屍身'을 강조한 것이 "고요"한 "응시"라는 표현이다. 응시는 물론 삶의 응시이지만 '不動'의 느낌을 준다는 점에서 죽음과도 관련 있다고 보는 것이다.

「도시에서」는 삶과 죽음의 시이지만[그로테스크의 시이지만] 죽음이 뒤에서 강조되었다는 점에서, 죽음이 결론적으로 강조되었다는 점에서, 죽음의 시라고 할 수 있다. '죽음을 기억하라'고 하는 시라고 할 수 있다. 죽음을 기억하라고 하는 시라면 "구름"도 다른 독법으로 읽힌다. 움직임이 아닌 허망함으로 읽힌다. 구름은 금방 사라지기 때문이다. 구름이 허망함을 상징하는 것이라면 屍身이 구름을 응시한다고 한 것은 허망함을 일깨우는 것이다. 보초교대 행렬, 결혼식 행렬, 장례식 행렬들에게, 웅성대는 군중들에게, 허망함을 일깨우는 것이다. '떠들지 말라'고, '부질없다'고, 하는 것이다.

무대는 "장례식"과 "결혼식", "욕"과 "哄笑"들이 양립하는 곳이다. 목적합리주의적 삶과 反목적합리주의적 삶이 양립하는 곳이다. 분열의 무대이다. 시적 무대가 도시이므로 분열의 도시를 보여주었다고 할 수 있다. 분열은 이후의 대도시시에서 더욱 분화된 분열의 모습으로 나타난다. 자연주의 시에서는 도시와 시골의 공존, 신도시와 구도시의 공존, 부르주아와 프롤레타리아의 공존들로 나타난다. 표현주의 시에서는 서로에게 무감각한 군중, 서로에게 냉담한 군중, 서로 혐오하는 군중들이 나타난다. 분열된 자아가 나타난다.

'분열'과 관련하여 또 하나 언급할 것이 있다. 두 번째 3중주 연의 "응시"에 관해서이다. 응시는 시선 뒤의 시선이다. 시선 뒤에서 시선을 바라보는 시선이다. 그러므로 (전자의) 시선을 분열시키는 것이다. 누가 바라보고 있다는 느낌을 갖는 자는 고정된 시선을 가질 수 없다. 분열된 시선을 가질 수밖에 없다. 마치 '양심'을 의식하는 것과 같다. '계명'을 의식하는 것과 같다. 양심을 의식하는 자, 계명을 의식하는 자는 분열된 자이다.[3)]

「도시에서」에서의 응시는 시선 뒤의 시선이지만 시선 뒤에서 시선을 바라보는 시선은 아니다. "屍身"은 무대 위의 '구름'을 응시하고 있다. 행렬들이(혹은 등장인물들이) 서로를 바라보고 있을 때 '이 서로를 바라보고 있는 것'을 보고 있지 않다.

영향미학적 차원에서 응시의 효과가 나타난다. '독

---

3) 응시를 의식하는 자아는 욕망이라는 평면적 시선을 입체화시키는 자아이므로 타자의식의 자아, 사회의식의 자아이다. "무의식은 초개인적이며 구체적인 담론의 한 부분이다." 라깡의 말이다. J. Lacan, *Écrits*, Edition du Seuil, 1966, 218면. 홍준기, 「라깡의 주체 개념」, 『현대 비평과 이론』, 1997, 가을 · 겨울, 38면에서 재인용.

자'는 행렬들(혹은 등장인물들) 상호 간의 시선과 屍身의 시선 두 개를 동시에 경험하지만 제3의 시선인 屍身의 시선을 응시의 시선으로 의식하게 되기 때문이다. 자기에게 향하는 응시의 시선으로 의식하게 되기 때문이다(독자에게 향하는 시선이므로 행렬들에게도 향하는 시선이다). 응시의 시선을 느끼는 자는 소스라치게 놀라는 자이다. 욕망의 부질없음[시선의 부질없음]을 깨닫는 자이다.

핀투스K. Pinthus는 사화집 『인류의 황혼과 여명』(1920)에서 자연시의 시대는 가고 도시시의 시대가 왔음을 알렸다. 도시시는 다른 말로 하면 '인간에 대한 시'이다. 인간이 "출발점, 중심점, 목적점"4)이 되는 시이다. 사실 도시에서 태어나 도시에서 성장한 도시인들이 도시 및 도시의 인간을 노래하는 것은 자연스러운 일이다. 자연을 노래하지 않는 것은 자연스러운 일이다. 도시인들에게 자연은 관념의 자연일 뿐이다. 물론 잃어버린 자연, 지나간 자연을 노래할 수 있다. 잃어버린 자연, 지나간 자연을 노래하는 것도 도시와 관

4) K. Pinthus, *Zuvor, menschheitsdämmerung. ein dokument des expressionismus*, Berlin 1920(1980), 29면.

계없다고 할 수 없다. 도시를 간접적으로 비판하는 것이기 때문이다. 자연으로의 외면을 도시로부터의 도피가 아니라, 현실로부터의 도피가 아니라, 적극적 외면으로 보는 것이다. 도시 비판으로 보는 것이다. 낭만주의자들이 '童話'로서(혹은 기독교로서) 당시의 시민사회의 이데올로기를 비판한 것과 같다. 비합리주의로 합리주의를 비판한 것과 같다.[5][6]

도시시 및 이후의 대도시시들이 대부분 부정적 도시, 부정적 대도시를 보여주고 있지만 '긍정적 도시'의 시, '긍정적 대도시'의 시도 가능하다. 도시를 예찬

---

5) 낭만주의를 보는 관점은 크게 보아 두 가지이다. 이곳이 아닌 저곳을 보니까 현실로부터의 도피이다. 낭만주의는 반동의 낭만주의이다. 역사적 낭만주의는 당시의 흥기하는 시민계급을 외면하였다. 또 하나는 이곳이 아닌 저곳을 보니까 이곳을 비판하는 것이다. 낭만주의는 비판의 낭만주의이다. 외면을 적극적인 외면으로 보는 것이다. 최문규, 『독일 낭만주의』, 연세대학교 출판부, 2005 참조.

6) 자연으로의 외면이 극단적으로 표출된 곳이 니체이다. 디오니소스 예찬은 원시적 · 자연적 삶에 대한 예찬이었다. 니체는 문명을 비판하는 것을 넘어서 문명을 '자연상태'보다 못한 것, 자연의 亞種subspecies으로 간주하였다. 미하엘 함부르거, 앞의 곳, 324면 참조.

하는 시, 대도시를 예찬하는 시도 가능하다.[7] 슈토름 Th. Storm(1817~1888)의 다음 시도 도시를 예찬하는 시라고 할 수 있을까.

회색 해변, 회색 바닷가
바로 옆으로 길게 도시가 놓여 있다.
지붕을 무겁게 짓누르는 안개.
정적을 뚫고 도시를 때리는
단조로운 파도 소리.

살랑거리지 않은 숲. 가끔 지저귐을
중단하는 오월의 새.
야생 거위가 둔중한 울음소리를 내며
가을밤 속으로 날아갈 뿐.
해변에는 풀들이 나부끼고.

나의 마음 전부는 오로지 그대에게 기울어져 있다,
그대 바닷가 회색 도시.

---

7) 대도시 예찬은 1910년대 마리네티F. T. Marinetti의 미래파와 관계 있다. '역동적' 기술의 세계를 문학언어에 반영하려고 했기 때문이다.

청춘의 마법이 영원히 그대 위에
놓여 있노라 그대 바닷가 도시 위에서
미소짓고 있노라.

Am grauen Strand, am grauen Meer
Und seitab liegt die Stadt;
Der Nebel drückt die Dächer schwer,
Und durch die Stille braust das Meer
Eintönig um die Stadt.

Es rauscht kein Wald, es schlägt im Mai
Kein Vogel ohn Unterlass;
Die Wandergans mit hartem Schrei
Nur fliegt in Herbstesnacht vorbei,
Am Strande weht das Gras.

Doch hängt mein ganzes Herz an dir,
Du graue Stadt am Meer;
Der Jugend Zauber für und für
Ruht lächelnd doch auf dir, auf dir,
Du graue Stadt am Meer.

— 「도시Die Stadt」 전문

“나의 마음 전부는 오로지 그대[바닷가 회색 도시]에게 기울어져 있다”라고 했기 때문이다. 시인은 이어서 도시가 살고 싶은 곳의 전부가 되었다는 것을 강령적으로 밝히고 있다. “청춘의 마법”이 “영원히” ‘도시’에서 “미소짓”는다고 했기 때문이다. 도시가 살고 싶은 곳의 전부가 되었다는 다소 과장적인 표현을 쓴 것은 도시는 예찬하였지만 자연은 예찬하지 않았기 때문이다. 자연과는 의도적으로 거리를 두었기 때문이다.

“살랑거리지 않는 숲”, “가끔 지저귐을/ 중단하는 오월의 새”, “둔중한 울음소리”의 “야생 거위”는 예찬의 마음과는 거리가 멀다. “단조로운 파도 소리”라고 한 것도 예찬의 마음과는 거리가 멀다. 자연은 시인에게 적대적이기까지 하다. “지붕을 무겁게 짓누르는 안개”라고 했기 때문이다. 지붕은 인간의 지붕이기 때문이다.

「도시」는 낭만주의적이지 않다. 사실주의적이다. 자연의 마법에 걸려서 쓴 시가 아닌 도시의 마법에 걸려서 쓴 시이다.

02

'자연주의'의 대도시시

– 홀츠의 시를 중심으로 –

1

자연주의문학은 산업화시대의 문학이다. 문학사상 최초로 제4계급이 전면적으로 등장하였다. 제한적 '제4계급을 위한 문학'이었다. 이를테면 홀츠A. Holz (1863~1929)는 "비참과 형제처럼 울기 위해"[1] 시를 쓴

1) 「다른 것Ein anderes」이라는 시의 한 구절. 사화집 『현대 시인 개성들Moderne Dichter-Charaktere』(1885)에 처음 실렸다. 『현대 시인 개성들』은 자연주의 시문학의 최초의, 그리고 가장 중요한 사화집이다. 현대적modern과 개성들Charaktere을 병존시킴으로써 현대성Modernität의 주요 범주인 '분열'을 암시하였다.

다고 하였다. 빌레B. Wille는 다음과 같이 읊었다.

마찬가지로 가난하고 슬퍼서
저 울고 있는 구름을 좇아가네
가난한 사람들을 생각하네
민중과 고통을 함께 하리

Selber arm und traurig,
Folg ich der weinenden Wolke
Und denk an arme Leute
Und leide mit meinem Volke

구름Wolke과 민중Volke의 각운이 같다. "울고 있는 구름을 좇아"간다는 것은 울고 있는 민중을 좇아간다는 것이다. 주요 모티브는 "가난"이다. 두 번 등장한다. '가난과 부의 모순'의 문제는 자연주의 '대도시시'의 핵심 테마였다.[2)]

자연주의문학을 '제한적' 제4계급을 위한 문학이

---

2) G. Mahal, *Wirklich eine Revolution der Lyrik*? in: H. Scheuer(Hg.), *Naturalismus. Bürgerliche Dichtung und soziales Engagement*, Stuttgart 1974, 29면 참조.

라고 한 것은 계급의식을 고취시키거나 계급혁명을 선동하지 않았기 때문이다. 계급의식과 계급혁명은 물론 마르크스주의적 의미에서의 계급의식과 계급혁명이다. 자연주의자들은 시민계급 출신이었고 자연주의는 '시민적 반대운동'이었다. 자연주의문학은 '시민적 참여문학'의 테를 벗어나지 못했다. 자연주의자 헤겔러W. Hegeler는 자연주의문학이 시민문학적 한계를 넘어설 수 없었던 근거를 다음과 같이 고백조로 모범적으로 제시하고 있다.

> 나는 [···] 새로운 사회적 상황을 이끌어내기 위해서는 어떤 일도 불사해야만 한다고 믿었다. 내 마음은 부르주아계급에 대한 경멸로 채워져 있었다. 그렇지만 나 자신이 정말로는 그 중의 하나라는 것을 인정하지 않을 수 없다. 적어도 나는 프롤레타리아는 아니었다. 나는 매일의 빵에 대한 근심에서 벗어나기 위한 충분한 돈을 받았다. 그래서 나는 계속 자문해 보았다. 무슨 권리가 있어서? [···] 불공정하다는 느낌이 너무 강렬했기 때문에 나는 목안이 부어오르는 것 같았다. 나는 누더기 차림의 모든 거지들 앞에서 깨끗한 옷차림의 나를 부끄러워했다.

훨씬 더 강렬하게 내 마음을 동요하게 한 것은 금방 다음과 같이 이어지는 생각이었다. 나는 인생을 그리려고 했다. 그런데 나는 어떤 인생의 영역을 알고 있는가? 기껏해야 나는 소수의 식자층들밖에 모르지 않는가. 그러나 정말로 인간들인 [···] 공사장에서, 작업장에서, 공장에서 일하는 그 수많은 사람들에 대해 나는 무엇을 알고 있다는 말인가? 나는 그들을 이해하지 못했으며, 심지어는 구역질을 느끼며 그들 곁을 지나쳤지 않은가?[3)]

쉐러는 이 당시 시민계급 출신 문학가들의 작품에 나타나는 공통된 요소로 동정Mitleid과 부끄러움Scham을 꼽았다. 쉐러에 의하면 동정은 동정받는 자들의 상황이 변화되기를 바라는 마음이 내포되어 있고, 부끄러움은 자기 자신의 상황이 변화되기를 바라는 마음이 내포되어 있다. 그렇지만 불행한 자들에 대한 동정은 慈善의 개선 이상을 불러올 수 없다는 점에서, 그

---

3) H. Scheuer, *Zwischen Sozialismus und Individualismus – Zwischen Marx und Nietzsche*, in: ders.(Hg.), *Naturalismus. Bürgerliche Dichtung und soziales Engagement*, Stuttgart 1974, 153면에서 재인용.

리고 자기 자신의 보다 나은 사회적 · 경제적 위치에서 비롯되는 부끄러움이라는 것도 실제 자기 자신의 삶의 방식에 아무런 변화도 주지 못한다는 점에서, 애초부터 한계를 동반한 것들이었다.[4] 즉 부르주아 지식인들은 불행한 현실에 참여하지만 그 현실을 바꾸지 못하며, 프롤레타리아에 대해 자기 자신을 부끄러워 하지만 자기 자신을 바꿀 수 없었다. 자연주의자들은 사회를 체계System로 인식한 것이 아니라 환경Milieu으로 인식하였다. 구조적으로 인식한 것이 아니라 피상적으로 인식하였다. 이러한 인식이 '비판'을 낳을 수 없었다. 변혁의 문학을 낳을 수 없었다.

메링F. Mehring은 1890년대 '자연주의논쟁'에 참여하면서 자연주의자들이 "오늘의 비참함"만 보여주었지 "내일의 희망"[5]을 제시하지 못했다고 하였다. 카우츠키K. Kautsky는 "죽어가는 사회"만 보여주었을 뿐 "다가오는 사회의 싹"[6]을 보여주지 못했다고 하였다. '내일

4) H. Scherer, *Bürgerlich-oppositionelle Literaten und sozialdemokratische Arbeiterbewegung nach 1890*, Stuttgart 1974, 30-31면.

5) *Naturalismus-Debatte 1891~1896*, hrsg. v. Nobert Rothe, Berlin 1986, 131면.

의 희망', '다가오는 사회'는 물론 '노동자·농민의 나라'이다. 아이러니컬하게도 마르크스주의자들의 자연주의 비판으로 초기마르크스주의 미학이 정립되었다.

2

19세기 말 자연주의문학에 접근하는 또 하나의 방법은 양식다원주의Stilpluralismus의 한 부문으로서 자연주의를 이해하는 것이다. 19세기 말, 20세기 초엽은 양식다원주의 시대로서 자연주의를 비롯한 인상주의, 청춘양식, 유미주의, 향토예술, 표현주의들이 공존, 병존, 혼존하고 있었다. 대도시의 시대[혹은 분열의 시대]였기 때문이다. 한 시대를 포괄하는 문학예술운동이 불가능해졌기 때문이다. 그렇다 하더라도 여러 문학예술운동들이 독립적·배타적으로 존재했던 것은 아니다. 개별 문학예술운동들은 서로에게 영향을 끼쳤으며, 일정 부분 겹치기도 하였다. 하나의 작품 속에 서로 모순되는 경향들이 공존하기도 하였다. 자연주의와 유미주의가 공존하기도 하였다.

---

6) Ebd., 35면.

그 지붕은 거의 별까지 닿아 있었고
마당에서부터 공장의 시끄러운 소리가 들렸다.
바로 임대주택단지라고 하는 것이었다.
싸구려 춤곡들이 울리고
지하실에서는 쥐가 둥지를 틀었다.
1층에 화주 그로그주 맥주들이 있었다.
1층부터 6층까지
변두리의 비참함이 터잡고 있었다.

그곳에서 그는 밤이면 등불 앞에 앉아
– 고개를 숙여, 숙여라, 거친 야유여! –
열에 들떠 시를 썼다.
꿈꾸는 자여, 탕자여!
그의 방은 작은 탁자 하나
좁은 침대 하나 겨우 놓을 수 있을 뿐;
그는 매우 가난했고 외로웠다,
저 나사렛 출신 예수만큼!

세상 사람들은, 심지어 몸 파는 창부까지
그를 조소했다: "그는 미쳤어!"
그의 이마에는 그러나 수호신이 찍은
키스 마크가 빛나고 있었다.

부드러운 광기에 사로잡힐 때면
몸을 떨며 한 줄 한 줄 써내려갔다.
냉정한 현실세계와는 영원히
갈라선 것으로 보였다.

누더기 옷을 걸치고 있으면서
이웃으로부터 굳은 빵을 빌려 먹으면서
"오 뮤즈여!"라고 중얼거렸다.
궁핍함은 아랑곳하지 않았다.
어두워지면 매일 밤
불빛 앞에 가만히 앉아
열에 들떠 시만 썼다.
꿈꾸는 자여, 탕자여!

Ihr Dach stieß fast bis an die Sterne,
Von Hof her stampfte die Fabrik,
Es war die richt'ge Mietskaserne
mit Flur- und Leiermannsmusik!
Im Keller nistete die Ratte,
Parterre gab's Branntwein, Grog und Bier,
Und bis ins fünfte Stockwerk hatte
Das Vorstadtelend sein Quartier.

Dort sass er nachts vor seinem Lichte
– Duck nieder, nieder, wilder Hohn! –
Und fieberte und schrieb Gedichte,
Ein Träumer, ein verlorener Sohn!
Sein Stübchen konnte grade fassen
Ein Tischchen und ein schmales Bett;
Er war so arm und so verlassen,
Wie jener Gott aus Nazareth!

Doch pfiff auch dreist die feile Dirne,
Die Welt, ihn aus: "Er ist verrückt!"
Ihm hatte leuchtend auf die Stirne
Der Genius seinen Kuss gedrückt.
Und wenn vom holden Wahnsinn trunken,
Er zitternd Vers an Vers gereiht,
Dann schien auf ewig ihm versunken
Die Welt und ihre Nüchternheit.

In Fetzen hing ihm seine Bluse,
Sein Nachbar lieh ihm trocknes Brot,
Er aber stammelte: "O Muse!"
Und wusste nichts von seiner Not.

Er sass nur still vor seinem Lichte
Allnächtlich, wenn der Tag entflohn,
Und fieberte und schrieb Gedichte,
Ein Träumer, ein verlorener Sohn!

홀츠의 장시집 『판타주스Phantasus』(1898)의 序詩이다. 이 시가 '자연주의'인 것은 '산업화'를 반영하고 있기 때문이다. "공장", "임대주택단지", 술집, 그리고 "몸을 파는 창부"들이 등장하고 있기 때문이다. 이 시가 '대도시시'인 것도 마찬가지이다. 산업화를 반영하고 있기 때문이다. "공장", "임대주택단지", 술집, "몸을 파는 창부"들이 등장하고 있기 때문이다.

이 시가 '자연주의'만이 아닌 것은 "그"[시인] 때문이다. '별종'으로서의 시인 때문이다. (세상을 "야유"하지만 세상 또한 그를 "조소"하고 있다.) "창부"에게, "세상 사람들"에게, 그는 "미"친 사람이다. "누더기 옷을 걸치고 있"는 자, "마른 빵을 빌려 먹"는 자, "작은 탁자 하나/ 좁은 침대 하나 겨우 놓을 수 있"는 "방"에서 사는 자가, 즉 의식주 모두에서 "가난한" 자가, '몸을 팔아서라도' 돈을 벌지 않고, 오로지 "뮤즈"의 정령만 좇고 있기 때문이다. 시적 화자는 이런 시인을

"꿈꾸는 자"라고 하였다.

시인과 세계의 분열, 혹은 시인과 현실의 반목으로 이 시를 설명할 수 있다. 세계는 예술적대적이고 시인은 현실적대적이다. "궁핍함은 아랑곳하지 않"고 "시만" 쓰는 시인을 세계는 이해하지 못한다. 시인의 현실적대적 태도는 시적 화자가 "꿈꾸는 자"와 "냉정한 현실세계"를 의도적으로 대립시킨 데에서 나타난다. '냉정한 현실세계'는 '꿈꾸는 자'의 반대편에 있는 세계로서 다른 말로 하면 실제적praktisch 세계, 목적합리적zweckrational 세계이다. 시적 화자가 시인을 성경에 나오는 "탕자"와 동일시한 것도 이러한 해석을 뒷받침해주는 것이다. 탕자는 현실 원칙을 무시한 자였다.

실제적 세계, 목적합리적 세계에 적대적이므로 19세기의 역사주의에 반대하는 것이다. 물질주의 · 자본주의 · 사회주의들에 반대하는 것이다. 사실주의 · 자연주의들에 반대하는 것이다.

배경은 자연주의, 등장인물은 유미주의라고 할 수 있다. 유미주의는 현실로부터의 도피였다. 아니면 19세기 역사주의에 대한 應戰이었다. '내용 없는 형식'으로 내용을 비판했다고 보는 것이다. 트로믈러에 의

하면 유미주의는 미적 가상으로서 일상을 미학화시키려는 프로그램이었다. 역사적 계몽주의가 "엘리트적 반대"로서 문학 예술에 의한 계몽의 프로그램이었던 것처럼 유미주의 역시 엘리트적 반대로서 문학 예술에 의한 계몽의 프로그램이었다. "일상을 미학화시키는 것"은 다른 말로 하면 "영혼의 고양 및 미적 만족을 주는 문화"를 만드는 것이다.7)

19세기 역사주의에 반대해서 일상을 미학화시키려는 것, 즉 "문화염세주의 및 미적 유토피아"의 프로그램을 역사적 고전주의와 무관하다고 할 수 없다. 고전주의는 미적 이상주의로서 미적 취미를 고취시키고자 하였기 때문이다. 이점에서 유미주의는 당시의 '시민계급의 고전주의', 즉 향토예술Heimatkunst과 만나는 접점이 있다. 1900년 전후의 향토예술은 미적 전위예술 즉 유미주의의 발전 궤도상에 놓여 있었다. 향토예

---

7) F. Trommler, *Theorien und Programme der literarischen Bewegung*, in: Horst Albert Glaser (Hg.), *Deutsche Literatur. Eine Sozialgeschichte*, Bd. 8(*Jahrhundertwende*: *Vom Naturalismus zum Expressionismus. 1880~1918*), Reinbek bei Hamburg 1982, 54면.

술은 유미주의와 마찬가지로 이성주의, 기술, 프롤레타리아 등으로 대변되는 탈마법화 현상에 대한 반작용으로서 고전주의의 괴테·쉴러 문학처럼 '미적으로 변용된 작품'을 요구하였다.

위의 시를 '분열'의 시로 읽을 수 있다. 모더니즘의 분열의 시로 읽을 수 있다. 첫째 분열: "변두리" 지역의 궁핍함이 있으면 중심 지대의 '여유'가 있다. 자연주의문학은 산업화시대 변두리 지역의 궁핍함을 드러냄으로써 분열을 드러낸다. 부르주아와 프롤레타리아, 중심과 주변의 분열을 드러낸다. 간단히 말하면 대도시의 분열이다. 둘째 분열: 시적 화자와 등장인물 "그"[시인]의 분열이다. 시적 화자는 첫째 연에서 보듯 세상에 참견하고 있는데(공장, 임대주택단지, 술집들의 나열을 세상에 참견하는 것으로 보는 것이다), "그"[시인]는 둘째 연 첫머리에서 세상에 참견하지 말라고 하고 있다("고개를 숙여, 숙여라, 거친 야유여!"). 셋째 분열: 이미 언급한 '시인과 세계의 분열'이다. 시인은 "현실세계"를 외면하고 "열에 들떠 시만 썼다."

3

인상주의문학은 보통 '순간 포착'(혹은 '순간 촬영')에 의한 '순간 이미지'의 재생으로 설명된다. 명암, 색깔, 공감각 등이 주요 세목들이다.

자연주의와 비교해서 설명할 수 있다. 인상주의는 자연주의와 마찬가지로 '재현의 미학'에 근거한다.[8] 하지만 자연주의의 '객관'이 고정된 객관인데 반해 인상주의의 객관은 고정되어 있지 않은 객관이라는 점에서 서로 다르다. 회화에서는 빛의 농도에 따라 객관이 다르게 보이고, 문학에서는 작가의 '마음의 농도'에 따라 객관이 다르게 보인다.

인상주의는 마음의 농도에 따라 달라 보이는 객관의 나열이다.[9] 마음의 농도에 따라 달라 보이는 객관의 나열 그 이상도 그 이하도 아니다. '가벼움'이 형식이다. 객관이 마음의 농도에 따라 달라 보이는 것을 인식한 자의 문학이므로 '덧없음'을 내용으로 할 수

---

8) 인상주의의 정확한 묘사는 자연주의의 순간문체Sekundenstil를 이어 받은 것이다.

9) 인상주의 문학의 외면상의 특징으로 '등위접속 구문'을 들 수 있다.

있다. 형식이 내용을 규정하고 내용은 다시 형식을 규정한다. 가벼움이 덧없음에 기여하고 덧없음이 다시 가벼움에 기여한다.[10)]

인상주의문학의 덧없음이 바로크문학의 덧없음과 다른 것은 덧없음을 '초월'로 승화시키지 않는다는 사실이다. 혹은 초월로 붕괴시키지 않는다는 사실이다.

다음도 홀츠의 시이다. 제목은 「봄꽃이 금방 지는 것을 슬퍼함Er klagt / dass der Frühling so kortz blüht」(1903). 전문이다.

유리로 만들어진 듯한 작은 꽃들을
나는 아주 즐겁게 바라본다
진녹색 풀 사이로
그것들은 (나를) 별처럼 바라본다

노랑과 장미색 / 빨강과 파랑 /
흰 꽃들도 아름답다
트리트마담, 힘멜스타우
그들의 이름들처럼

---

10) 인상주의는 윤리를 주장하지 않는다. '문제'를 만들지 않는다.

오게나 그 한가운데에서 내게
키스를 퍼부어 주게나
내일이면 그들은 벌써 사라질 것
그리고 우리도 잊을 것!

Kleine Bluhmen wie auß Glaß
seh ich gar zu gerne /
durch das tunckel-grüne Graß
kukken sie wie Sterne.

Gelb und rosa / roht und blau /
schön sind auch die weissen;
Trittmadam und Himmelstau /
wie sie alle heissen.

Kom und gib mir mitten-drin
Küßgens ohnbemessen.
Morgen sind sie lengst dahin
und wir sälbst-vergessen!

'꽃들을 즐겁게 본다', '꽃들이 별처럼 본다'고 하였다. 나열하였다, "노랑과 장미색 / 빨강 파랑 / 흰"색들을 나열하였다. “노랑과 장미색 / 빨강 파랑”도 아름답고, “흰 꽃들”도 아름답고, “이름들”도 아름답다고 하였다. 역시 나열의 기법이다. 요약하면, 꽃의 핌과 꽃의 짐의 나열, 만남과 망각의 나열, 즉 ‘인생의 기쁨’과 ‘인생의 허망함’의 나열(혹은 양립)이다. 기쁨과 허망함이 양립하고 있지만 허망함으로 끝나기 때문에 허망함[덧없음]이 내용이라고 할 수 있다. 그러나 기쁨과 허망함이 대등한 자격으로 조우하고 있다는 점 또한 강조되어야 한다. 다시 말하지만 17세기 바로크 문학에서처럼 허망함을 초월로 지양시키고 있지 않기 때문이다. 기쁨은 기쁨이고, 허망함은 허망함이다. 기쁨이 절대적인 것처럼 허망함도 절대적이다. 이러한 인식에 이르기까지 300여 년이라는 시간이 걸렸다?[11)]

11) 이 시를 목가와 비가의 병존으로 해석할 수 있다. 목가적으로 시작해서 비가적으로 끝나기 때문이다. 첫 연에서 인간과 자연은 서로 화답하고 있다. 유리Glaß와 풀Graß 또한 서로 각운을 맞추며 화답하고 있다. 목가적으로 시작하고 있다. 끝 연에서 자연은 잃어버린 자연으로 나타난다. ‘잃어버린 자연’은 ‘도달할 수 없는 이상’과 함께 비가의 하위 범주를 구성한다.

03

표현주의; 대도시시의 정립

– 하임의 시들을 중심으로 –

독일에서 '도시시'는 슈토름Th. Storm과 켈러G. Keller 등의 사실주의 시대에 나타나기 시작하였다. 슈토름의 「도시Die Stadt」라는 시가 있고 켈러의 「도시에서In der Stadt」라는 시가 있었다. 그러나 이 '도시시'들은 본격적 산업화가 진행되기 이전의 시라는 점에서 현대적 의미에서의 '대도시시'와 차이가 있다. 간단히 말하면 도시와 대도시의 차이이다. 대도시에는 산업화가 초래한 여러 모순들이 집대성되어 나타난다.

19세기 말 자연주의 문학이 본격적 '산업화 시대의 문학'이다. 홀츠A. Holz가 대도시시를 썼다. 현대적

의미에서의 대도시시는 홀츠에서 시작한다. 홀츠가 대도시시라는 용어를 의도적으로 사용하였다.[1)]

대도시시가 정립된 것은 20세기 초반 표현주의[2)]에서였다. 하임G. Heym(1887~1912), 슈타들러E. Stadler, (청년) 베허J. R. Becher, (청년) 벤G. Benn의 시들이 대도시시였다. 표현주의 시대의 '대도시시'들의 특징은 보들레르의 대부분의 대도시시들과 마찬가지로 대도시를 부정적으로 바라보는 관점에서 쓰여졌다는 것이다. 마이어H. Mayer는 대도시의 "섬뜩하고 무시무시한 특성"이 드러났다고 하였다.[3)] 둘째, 대도시의 '군중'이 강조되었다는 점이다. 셋째, '둘째'와 관련 있는 것으로 '체험 과잉'이 강조되었다는 점이다. 기존 체험들이 금방 다른 체험들로 대체되는 곳이 바로 대도시였다.[4)]

---

1) 더 자세한 것은 박찬일, 「자연주의와 모더니즘 - 홀츠의 이론 및 작품들을 중심으로」, 『독일언어문학』, 제20집(2003. 6.), 219면 참조.

2) '표현주의'에 대해서는 박찬일, 「표현주의」, 『문예사조』, 윤호병 외, 시학, 2007, 179-209면 참조.

3) 한스 마이어, 「표현주의 문학의 회고적 고찰」, 안삼환 옮김, 『외국문학』, 1984. 여름, 200면.

다음은 하임의 「전쟁 I Krieg I」이라는 시의 맨 앞부분과 끝부분이다.

일어났도다, 오랜 동안 잠자던 그가
지하 깊은 곳에서 일어났도다.
어스름 속에 서 있는 그는 거대하다, 처음 보는 모습이다.
달을 검은 손 안에서 으깨고 있다.
〔…〕
폭풍에 갈가리 찢긴 구름이 반사되는 곳,
어둠이 죽은 차가운 사막 안,
그가 큰 불로 밤을 바싹 말리고 있다.
역청과 불덩이를 계속 고모라에 떨어뜨리고 있다.

Aufgestanden ist er, welcher lange schlief,
Aufgestanden unten aus Gewölben tief.
In der Dämmrung steht er, groß und unerkannt,
Und den Mond zerdrückt er in der schwarzen Hand.

---

4) 자연주의의 대도시시와 표현주의의 대도시시 사이에는 중요한 차이점이 존재한다. 자연주의의 대도시시들이 산업화 시대의 사회적 모순들을 전경화하였다면 표현주의의 대도시시들은 '대도시적 삶 자체'의 모순을 전경화하였다.

[…]
Über sturmzerfetzter Wolken Widerschein,
In des toten Dunkels kalten Wüstenein,
Daß er mit dem Brande weit die Nacht verdorr,
Pech und Feuer traufet unten auf Gomorrh.

“그”는 전쟁이다. “달을 […] 으”깰 수 있는 자는 도시도 으깰 수 있는 자이다. 그렇다, 그가 부수는 것은 대도시이다. 죄악의 “고모라”이다. 하임은 이 시를 통해 대도시에 대한 증오를 표출하였다. 전쟁이 대도시를 파괴해주기를 바랬다.[5)]

대도시를 섬뜩하고 무시무시하게 그려내는 것도 대도시를 부정적으로 바라보는 것이다.

---

5) 처음에 젊은 표현주의자들은 제1차세계대전에 열광하였다. 황제와 부르주아 시민계급으로부터 벗어날 수 있다고 생각했기 때문이다. 대도시로부터 벗어날 수 있다고 생각했기 때문이다. 1914년 전쟁이 발발하고 1915년이 되어서야 표현주의자들은 그들이 황제와 부르주아 시민계급의 ‘장사’를 대행해주고 있음을 알았다. 주지하다시피 제1차세계대전은 제국주의 전쟁이었기 때문이다. 식민지를 차지해서 이득을 보려는 자본가들을 위한 전쟁이었기 때문이다. 자본가들을 위한 전쟁에서 많은 표현주의자들이 전사하였다.

우리는 〔배를〕 출발시켜 운하 안 정원 쪽을
향해 천천히 다가갔다. 목가적 세계!
우리는 거대한 공장 굴뚝들, 밤의 등대를 보았다.

Wir ließen los und trieben im Kanale
An Gärten langsam hin. In dem Idylle
Sahn wir der Riesenschlote Nachtfanale

– 하임, 「베를린 ⅡBerlin II」 부분

첫째, “거대한 공장 굴뚝들”을 “목가적 세계”라고 한 것이 섬뜩하고 무시무시하다. 그로테스크하다. 목가적 세계라고 한 것은 낙원의 세계라고 한 것과 같다. 거대한 공장 굴뚝들을 진짜 목가적 세계라고 한 것은 아니다. 인용하지는 않았지만 「베를린 Ⅱ」 둘째 연에서 공장을 “연기, 그을음, 악취”의 공장이라고 하였기 때문이다. 둘째, ‘거대한 공장 굴뚝들’을 “등대”라고 한 것이 섬뜩하고 무시무시하다. 거대한 공장 굴뚝들이 인간 삶을 안내하는 것이라고 한 것이기 때문이다. 거대한 공장 굴뚝이 인간 삶이 目標로 하는 곳이라고 한 것이기 때문이다. 셋째, 그냥 ‘등대’라고 하지 않고 ‘밤의 등대’라고 한 것이 섬뜩하고 무시무시하다. 밤은 '어둠'으로서 부정적 이미지를 갖고 있기 때문이다. 인간 삶이 어둠을 향해, 몰락을 향해 가고 있다고 한 것이기 때문이다. 이점에서 '거대한 공장 굴뚝들'과 '밤의 등대'들은 묵시론적 세계에 대한 알레고리라고 할 수 있다. 인류는 '거대한 공장 굴뚝들'이라는 '어둠'을 향해 가고 있다. 이 시에서 "밤의 등대 Nachtfanale"가 강조되었다는 것은 운율에서도 알 수 있다. 운하는 독일어로 Kanal(e)이고 등대는 Fanal(e)이다. 위의 연에서 첫째 행은 Kanale로 끝나고 셋째 행은 Fanale로 끝난다. 각운이 일치되었다. 운하와 함께 '(밤의) 등대'가 강조된 것이다. 거대한 공장 굴뚝들이 현대의 등대라고 하는 것을 의식적으로 강조한 것이다. 섬뜩하고 무시무시한, 부정적인, 대도시를 보여줌으로써 표현주의의 많은 시들, 특히 하임의 다른 시들과 맥을 같이 하고 있다.

'대도시시'의 또 하나의 특징은 앞에서 언급한 대로 '군중'이다. 다음은 하임의 「도시의 神Der Gott der Stadt」 앞 부분이다.

집들이 널려 있는 한 블록 위에 그가 넓게 앉아 있다.
바람들이 그의 이마 주위에 검게 진을 치고 있다.
그가 분노에 가득 차서 바라보는 것: 도시 끝자락 집들이
멀리 고적하게 시골까지 뻗쳐 아른거리는 것.

Auf einem Häuserblöcke sitzt er breit.
Die Winde lagern schwarz um seine Stirn.
Er schaut voll Wut, wo fern in Einsamkeit
Die letzten Häuser in das Land verirrt.

"그"는 "도시의 神"이다. 역시 대도시를 부정적으로 그리고 있다. 대도시는 계속 확장되어 그 위세를 "시골까지" 떨치고 있다. 대도시를 부정적으로 바라보고 있다는 것은 "도시의 신"이 - '도시의 신'은 도시를 위한 신이 아니다. 도시에 있는 신이다. 그냥 '신'이라고 해도 무방하다. 왜냐하면 시적 자아를 대신한 시적 주체로 기능하고 있기 때문이다. 시적 자아로 보아도 무방하다 - "분노에 가득 차" 대도시를 바라보고 있다고 했기 때문이다. "바람"은 "검"은 바람이기 때문이다.

"도시"가 "시골까지 뻗"쳤다고 한 것은 도시가 '확

장'의 도시라고 한 것이다. 확장의 도시가 군중과 관계 있다. 도시는 군중의 도시이며 군중들이 밀려다니는 곳이기 때문이다. 군중들이 서로 밀치고 다니는 곳이기 때문이다.

> 도로 옆 높은 곳에 우리는 누워 있었다.
> 먼지가 하얗게 덮여 있는 곳, 그 좁은 곳에서 본 것은 수많은 사람들의 물결, 사람들이 밀치고 다니는 것이었다.
> 세계 도시가 멀리 밤하늘에 우뚝 솟아 있었다.
>
> Der hohe Straßenrand, auf dem wir lagen,
> War weiß von Staub. Wir sahen in der Enge
> Unzählig: Menschenströme und Gedränge,
> Und sahn die Weltstadt fern im Abend ragen.

— 하임, 「베를린 I Berlin I」 부분

'군중'이 나타나고 있다. 보들레르의 군중처럼 서로 "밀치고 다니는" 군중이다.

인간을 '팽창의 인간'으로 표현한 것도 있다. 팽창과 밀침은 둘 다 공간적 팽창 및 밀침이다. '팽창의 인간’ 역시 ‘밀침’의 인간이다.

> 기차가 도착하였다. 우리는 역의 홀 안으로
> 돌진하였다. 역은 세계 도시의 밤이 벌이는
> 광란으로 가득했다. 소음, 그리고 인간의 팽창.
>
> Der Zug fuhr an. Wir brausten in die Halle
> Des Bahnhofs ein, die voll war von dem Toben
> Des Weltstadtabendes, Lärm und Menschenschwelle.
>
> – 하임, 「베를린 ⅢBerlin III」 부분

“돌진”은 밀침을 강조한 것이다. “인간의 팽창”은 인구의 팽창이라고 한 것과 같다.

도시의 ‘확장’(「도시의 神」), 군중의 ‘밀침’(「베를린 Ⅰ」), 인간의 ‘팽창’(「베를린 Ⅲ」)은 도시의 확고한 이미지로 정립되었다. 특히 군중의 밀침, 인간의 팽창이 대도시시의 특징적 양상이었다.6)

군중의 밀침과 인간의 팽창은 지각 방식의 근본적인 변화를 가져오게 하였다. 지각 방식의 근본적 변화

---

6) 하임의 “팽창의 메타포”에 대해서는 또한 문병호, 『서정시와 문명 비판』, 문학과지성사, 1995, 67-70면 참조.

는 짐멜G. Simmel에 의하면 자극 과잉으로 인한 "신경 생활의 고조"7) 때문이다. 간단히 말해 대도시에서의 지각 방식의 변화는 움직임 때문이다. 도시에서의 빠른 움직임 때문이다. 군중의 밀침도 움직임이고, 인간의 팽창도 움직임이다.

> 엄청난 수의 교회 종소리가 검은 탑의 바다로부터
> 그[도시의 신]에게 파도처럼 밀려온다
>
> Der Kirchenglocken ungeheure Zahl
> Wogt auf zu ihm aus schwarzer Türme Meer.
>
> –「도시의 神」 부분

"엄청난 수의 교회 종소리"를 엄청나게 많은 사람들에 대한 은유로 볼 수 있다. 교회는 사람들의 교회이기 때문이다. 교회의 종소리는 사람들을 불러모으는 종소리이기 때문이다. 종소리가 "파도처럼 밀려온다"고 한 것은 사람들이 계속 온다고 한 것이다. 파도는 쉴 새

7) G. Simmel, *Die Großstädte und das Geistesleben*, in: ders., *Das Individium und die Freiheit*. Essais, Berlin 1984, 192-193면 참조.

없이 오는 파도이다. 하나의 파도가 돌아가기 전에 새로운 파도가 들이닥친다.

> 계속해서 새로운 현상들이 이전의 현상 자리에 들어선다.[8)]

헬파흐W. Helpach의 표현이다. "현상들"을 '사람들', 혹은 '군중들'로 치환할 수 있다. 사람들이 쉴 새 없이 지나가고 또 모여드는 곳이 대도시인 것이다. 밀치고 팽창하는 곳이 대도시인 것이다. 자극 과잉의 결과는 "둔감", "냉담", "혐오"[9)] 등이다. 둔감, 냉담, 혐오 등이 지각 방식의 근본적 변화의 목록들이다. 둔감, 냉담, 혐오 등으로 응수하지 않고는 수많은 사람들을 일일이 대처할 수 없기 때문이다. 대응하기도 전에 또 다른 사람이 오기 때문이다.

---

8) W. Hellpach, *Mensch und Volk der Großstadt*, Stuttgart 1939, 68면.

9) G. Simmel, a. a. o., 196-197면 참조; 이에 대해서는 또한 김원익, 「릴케의 『말테의 수기』와 대도시 문제」, 연세대학교 박사학위 논문, 1995, 24-32면 참조.

커다란 쥐들이 검게 떼를 짓고 있듯이
우산들이 역 입구에 서 있다.

Wie eine schwarze Schar von großen Ratten,
So stehn die Schirme vor des Bahnhofs Mund.

– 하임, 「베를린 ⅤBerlin Ⅴ」 부분

사람들은 '냉담'하게 서 있다. "우산"은 차단의 은유로 보인다. 간격의 은유로 보인다. 사람과 사람 사이에 벽이 있는 것과 같다.

기차 문이 열린다. 브레이크의 압력에
철로가 비명을 지른다. 석회처럼 하얗게
점토처럼 노랗게 인간들이 서로 떠민다.

Die Türen gehen auf. Die Gleise schrein
Vom Bremsendruck. Die Menschenmassen drängen
Noch weiß vom Kalk und gelb vom Lehm.

– 하임, 「베를린 ⅥBerlin Ⅵ」 부분

인간과 인간 사이에 냉담을 넘어 '혐오'가 존재한다. "서로 떠민다"는 것은 인간과 인간 사이의 냉담을 넘어 혐오를 표현한 것이다. "석회처럼 하얗게/ 점토처럼 노랗게"라고 하는 표현을 서로 혐오하는 관계로서의 인간과 인간의 관계를 강조한 것이라고 할 수 있다. 석회와 점토는 서로를 혐오하고 하양과 노랑은 서로를 혐오한다?

다시 말하지만 대도시인들은 '많은' 외부에 둔감, 냉담, 혐오로 응수할 수밖에 없다. 깊게, 내면적으로, 대응하지 못한다. '많은 외부'에 일일이 깊게 내면적으로 대응하면 "自身을 잃어버리는" 상황이 초래되기 때문이다.[10] 자아를 잃어버릴 수는 없기 때문이다. 대도시에서는 '경험'이 불가능하다. 경험은 깊이 내면적으로 대응할 때 형성되는 것이기 때문이다. 대도시에서는 (순간)'체험'(벤야민)이 있을 뿐이다. 순간 체험이 순간 체험으로 代置될 뿐이다.[11]

---

10) 김원익, 위의 책, 26면 참조.

11) 발터 벤야민, 「보들레르의 몇 가지 모티브에 관해서」『발터 벤야민의 문예이론』, 반성완 편역, 민음사 1995, 119-131면 참조.

04

악마에 대한 경배

- 하임의 『도시의 신』을 중심으로 -

1

하임G. Heym(1887~1912)은 하벨 강에서 스케이트를 타다가 물에 빠져 죽었다. 물에 빠진 친구(발케E. Balcke)를 구하려다가 같이 죽었다.

죽기 일 년 전에 시집 『영원한 날Der ewige Tag』을 펴냈다. 많은 시들이 대도시에 관한 것이다. 하임에 의해 '대도시시'가 정립되었다.[1] 초기 시들인 「베를린 Ⅰ」

1) 이에 대해서는 이 책의 제3부 「표현주의; '대도시시'의 정립 - 하임의 시들을 중심으로」 참조.

과 「베를린 II」에서 주로 대도시에 대한 묘사가 이루어졌고 「도시의 신Der Gott der Stadt」에서 대도시의 본질에 대한 서술이 이루어졌다. 객관적 묘사와 주관적 서술의 차이이다.

> 우리가 누워 있는 도로 옆 높은 곳, […]
> 보았노라, 세계 도시가 멀리 밤하늘에 우뚝 솟아있는 것을.

> Der hohe Straßenrand, auf dem wir lagen, […]
> Und sahn die Weltstadt fern im Abend ragen.

— 「베를린 I」 부분

> 제혁공장의 갈색 모피들이 더러운 파도처럼 보였다, 연기, 그을음, 악취들이 있는 곳.

> Rauch, Ruß, Gestank lag auf den schmutzigen Wogen der Gerbereien mit den braunen Fellen.

— 「베를린 II」 부분

> 貧者들의 교회묘지가 우뚝 솟아 있다. 검게, 連이어.

죽은 자들이 붉은 몰락을 보고 있다,
구멍 밖으로. 몰락은 포도주 맛이다.

Ein Armenkirchhof ragt, schwarz, Stein an Stein,
Die Toten schauen den roten Untergang
Aus ihrem Loch. Er schmeckt wie Wein.

－「베를린 Ⅲ」 부분

「베를린 Ⅰ」에서는 "도로 옆"에서 바라보는 베를린이 묘사되었고, 「베를린 Ⅱ」에서는 배에서 바라보는 베를린이 묘사되었다. 베를린은 "연기, 그을음, 악취"의 베를린이었다. 「베를린 Ⅲ」에서부터 "몰락"의 모티브와 결합된 대도시의 기괴하고 몽환적인 특징들이 서술되었다.[2] 「도시의 신」은 대도시시이면서 '세계의 종말'을 테마로 하고 있다는 점에서 다른 표현주의 시들인 판 호디스의 「세계의 종말」과 라스커-쉴러의 「세계의 종말」과 상호텍스트성의 관계에 있다.

---

2) 동시대인이었던 슈타들러E. Stadler는 하임을 "공포의 사제, 전율과 그로테스크의 예술가"라고 하였다.

2

다음은 「도시의 신」 전문이다.

한 주택단지 위에 그가 넓게 앉아 있다.
바람이 그의 이마에 검게 포진하고 있다.
그는 분노에 차서 끝자락의 집들이
멀리 외로이 시골로 사라지는 것을 본다.

저녁 빛을 받아 바알신[3]의 붉은 배가 반짝인다.
대도시들이 그의 주위에 무릎을 꿇는다.
엄청난 수의 교회 종소리가
검은 탑의 바다에서 나와 그에게 물결쳐 간다.

퀴벨레신[4]을 섬기는 司祭들의 광란의 춤인 듯
수백만의 음악이 크게 진동하며 도로를 건너간다.
굴뚝 연기, 공장 구름들이
마치 푸른 향불 냄새처럼 그에게 다가간다.

---

3) 가나안 사람들의 신, 페니키아 사람들의 신이다.

4) 소아시아 사람들의 신으로서 신들의 어머니이다.

날씨가 그의 눈썹에서 그을며 타고 있다.
어두운 저녁은 밤에 들어가 들리지 않는다.
폭풍이 펄럭이고 있다, 분노로 머리털을 곤두세우고
마치 독수리처럼 바라보고 있다.

그는 어둠 속으로 큰 주먹을 뻗는다.
주먹을 흔든다. 불의 바다가 도로를 건너
쫓고 있다. 화염이 큰 소리를 내며
아침 늦게까지 도로를 먹어치운다.

Auf einem Häuserblocke sitzt er breit.
Die Winde lagern schwarz um seine Stirn.
Er schaut voll Wut, wo fern in Einsamkeit
Die letzten Häuser in das Land verirrn.

Vom Abend glänzt der rote Bauch dem Baal,
Die großen Städte knien um ihn her.
Der Kirchenglocken ungeheure Zahl
Wogt auf zu ihm aus schwarzer Türme Meer.

Wie Korybanten-Tanz dröhnt die Musik
Der Millionen durch die Straßen laut.

Der Scholte Rauch, die Wolken der Fabrik
Ziehn auf zu ihm, wie Duft von Weihrauch blaut.

Das Wetter schwelt in seinen Augenbrauen.
Der dunkle Abend wird in Nacht betäubt.
Die Stürme flattern, die wie Geier schauen
Von seinem Haupthaar, das im Zorne sträubt.

Er streckt ins Dunkel seine Fleischerfaust.
Er schüttelt sie. Ein Meer von Feuer jagt
Durch eine Straße. Und der Glutqualm braust
Und frißt sie auf, bis spät der Morgen tagt.

"바알신"은 현대 "대도시"의 정신, 혹은 대도시의 본질의 총합이다.[5] 대도시인들이 바알신에게 경배하는 것은 대도시의 정신, 대도시의 본질의 총합에 경배하는 것이다.

바알신이 경배의 대상이라고 한 것은 첫째, "엄청난 수의 교회 종소리가 […] 그에게 물결쳐 간다"고

5) Th. Johst, *Mechanisierung des Lebens und moderne Lyrik*, Bonn 1934, 100면 참조.

했기 때문이며, 둘째, "司祭들의 광란의 춤인 듯/ 수백만의 음악이" (그에게) "간다"고 했기 때문이며, 셋째, "굴뚝 연기"가 "마치 […] 향불 냄새처럼 그에게 다가간다"고 했기 때문이다. '교회 종소리', '司祭들의 춤', '향불 냄새'들은 찬양의 매체들이다. 각각 청각적 · 시각적 · 후각적 이미지를 대변한다. '온몸으로' 도시의 신에게 경배한다는 것을 알리고 있다. 대도시인들은 바알신이 그들을 문명의 낙원으로 이끌어줄 것이라고 생각했을까.

그러나 바알신은 선의 신이 아니라 악의 신이다. 악의 신에 대한 경배의 대가는 파멸이다. 선의 신은 인간을 선의 세계로 이끌지만 악의 신은 인간을 악의 세계로 이끈다.

> […] 불의 바다가 도로를 건너
> 쫓고 있다. 화염이 큰 소리를 내며
> 아침 늦게까지 도로를 먹어치운다.

하나님이 소돔과 고모라를 불로 심판한 것처럼 악마[대도시의 정신]는 대도시를 불로 심판(?)하고 있다.

도시는 “불의 바다”가 되었다. 사실 처음부터 재앙은 예측되었다. 처음부터 바알신은 재앙을 기약하는 신이었다.6)

> 바람이 그[바알신]의 이마에 검게 포진하고 있다.
> 그는 분노에 차서 끝자락의 집들이
> 멀리 외로이 시골로 사라지는 것을 본다.

넷째 연에서도 “폭풍이 펄럭이고 있다, 분노로 머리털을 곤두세우고/ 마치 독수리처럼 보고 있다”고 했을 때 ‘폭풍’은 악마의 폭풍이었다.

재차 강조해야 할 것은 악마[바알신]에게 경배한다고 했을 때 악마는 실제의 악마가 아니라, 대도시의 정신, 혹은 대도시의 본질의 총합이라는 것이다. 대도시의 정신, 대도시의 본질의 총합에 대한 경배가 대도시를 파멸로 이끈다는 것이다. 대도시가 대도시를 파

---

6) 재앙을 기약하는 신인 줄 알면서 경배하는 것은 대도시의 신이기 때문이다. 대도시의 ‘마력’ 때문이다. 하임을 비롯한 많은 표현주의자들은 대도시에 대해 好惡 양면감정을 가지고 있었다.

멸로 이끄는 것이라고 할 수 있다.

세 가지 경배의 이미지를 악마에 대한 경배가 아니라, '대도시의 번잡함'에 대한 알레고리로 볼 수 있다. '대도시의 소음, 움직임'을 "엄청난 수의 교회 종소리", 신들의 어머니 "퀴벨레신을 섬기는 司祭들의 광란의 춤"으로 표현했다는 것이다.

슈나이더는 바알신을 대도시에서 "고유한 생명"을 얻은 것들의 총합으로 보고 있다. 그는 고유한 생명들을 예를 들어 다음과 같이 묘사하고 있다. "가로등이 킥킥거린다. 큰 문들이 이 없는 입처럼 열려 있다. 빌딩들이 흔들린다. 창문들이 눈짓한다. 길이 몸을 구부린다." 이것들의 총합이 바알신의 형상이라는 것이다. 달리 말하면 대도시의 불길한 형상들의 구체화가 바알신이라는 것이다. 물론 마찬가지로 "절멸의 힘"을 가진 바알신이다.[7] 슈나이더의 이러한 해석은 그러나 「도시의 신」보다 열흘 먼저 쓰여진 「도시의 귀신들 Die Dämonen der Stadt」을 의식했기 때문으로 보인다.

---

7) K. L. Schneider, *Themen und Tendenzen der expressionistische Lyrik, in: Formkräfte der deutschen Dichtung vom Barock bis zur Gegenwart*, Göttingen 1967, 261면 참조.

그들은[도시의 귀신들은] 전기를 따라다닌다.
전기는 마치 가로등이 등에 노란 반점들을 만들어 놓은
파충류처럼 검게 그리고 넓게
하늘을 까맣게 덮은 어둠 속으로 슬피 굴러다닌다.

Sie wandern an den Strom, der schwarz und breit
Wie ein Reptil, den Rücken gelb gefleckt
Von den Laternen, in die Dunkelheit
Sich traurig wälzt, die schwarz den Himmel deckt.

귀신들이 "전기"를 따라 이동한다고 하였다. 전기에서 鬼神性을 본 것이다. "가로등"도 살아 있는 가로등으로 묘사되었다.

헤겔하우스는 신화적 이미지들을 현대의 대도시에 깃들어 있는 재앙을 가시적으로 보여주기 위한 것이지만 일종의 "과장된 은유"로 보고 있다. 교회 종소리들, 司祭들의 춤, 향불 냄새들은 바알신과 전혀 맞지 않는 "수사적 과장"이라는 것이다. 리얼리티를 손상시켰으며, 그로테스크하고 끔찍한 느낌만 불러일으킨다고 하고 있다.[8] 이 시에서 그로테스크한 느낌은 교회 종소리들, 사제들의 춤, 향불 냄새들과 바알신의 병치에서 오지만, 교회 종소리, 사제들의 춤, 향불 냄새들의 병치에서도 온다. 예를 들어 교회종소리는 기독교의 것이고, 사제들의 춤은 이교도들의 것이기 때문이다.

점층법적 구조를 가지고 있다. 둘째 연의 "저녁빛"은 넷째 연에서 "밤"으로 바뀌었다. 첫째 연의 "포진하고 있"는 "바람"은 넷째 연에서 "펄럭이"는 "폭풍"으로 바뀌었다. 첫째 연의 '시선의 분노'는 다섯째 연의 '행동의 분노'로 바뀌었다. 시작은 靜的이었으나 나중은 역동적이었다. 다섯째 연의 "뻗는다", "흔든다", "쫓고 있다", "큰 소리를 내"다, "먹어치운다" 등은 모두 역동적 동사들이다.

3

마을을(혹은 자연을) 도시로 바꾼 것에 대한 명명이 도시화이다. 도시화는 산업화의 다른 이름이고, 산업화는 합리주의, 효율주의 등 계몽주의의 이데올로기들의 결과로서의 산업화이므로, 도시화 또한 합리

---

8) C. Heselhaus, *Deutsche Lyrik der Moderne*, Düsseldorf 1962, 184-185면 참조.

주의, 효율주의, 계몽주의의 결과로서의 도시화이다. 도시는 계몽의 도시이다.

아도르노 · 호르크하이머가 "계몽은 신화로 퇴보한다."[9]고 했을 때 이것은 두 가지 의미를 갖는다. 첫째, 계몽이 신화처럼 비판을 허용치 않는 신성불가침의 영역이 되었다는 것이다. 계몽은 원래 비판의 계몽이었다. '회의하는 자아'(데카르트)의 계몽이었고, '오성을 사용하는 자아'(칸트)의 계몽이었다. 둘째, 계몽이 신화처럼 인간을 억압하게 되었다는 것이다. 마치 오디세우스가 '신화들'에게 시달린 것처럼. 에우리로코스를 비롯한 모든 신하들을 신화들에게 잃은 것처럼.

'도시의 신' "바알신"은 비판을 허용치 않는 신성불가침의 '영역'이다. 바알신이 대도시의 정신, 대도시의 본질의 총합이라면, 대도시의 구체화라면, 대도시 또한 비판을 허용치 않는 신성불가침의 영역이다. 계몽의 대도시가 신화로 퇴보하였다. 자기비판을 허용치 않는 대도시의 필연적인 귀결은 대도시의 파멸이다. 대도시에

9) M. Horkheimer/Th. Adorno, *Dialektik der Aufklärung*, Frankfurt/M. 1971, 5면.

의한 대도시의 파멸이다.

「도시의 신」에서 바알신이 대도시를 파괴하는 것은 대도시가 대도시를 파괴하는 것이다. 합리주의·효율주의·계몽주의의 대도시가 합리주의·효율주의·계몽주의의 대도시를 파괴하는 것과 같다.

대도시는 또한 인간을 억압하고 있다. 도시는 "굴뚝 연기", "공장 구름들"로 인간을 억압하고, "수백만의 음악", "엄청난 수의 교회 종소리"가 은유하는 수많은 충격체험으로 인간을 억압한다. 계몽의 대도시가 신화로 퇴보하였다. 신화는 인간을 억압하는 신화였다. 그런데, 오디세우스는 신화들을 물리치고 귀환하였다. 현대의 대도시인들도 오디세우스가 될 것인가. 신화화한 계몽을 물리치고 귀환할 것인가. 페넬로페는 기다리고 있을 것인가.

05

대도시시: 병렬양식, 대도시의 미메시스

– 판 호디스의 『세계의 종말』을 중심으로 –

1

자연주의와 표현주의 대도시시의 차이점은 외부와 내부의 차이이다. 자연주의 대도시시가 프롤레타리아, 가난, 임대주택단지, 공장노동들을 보여주었다면, 표현주의 대도시시들은 세계내존재In-der-Welt-Sein로서의 도시내존재In-der-Stadt-Sein의 '고유한 감정'을 보여주었다.[1] 많은 경우 '소멸', '몰락', '붕괴', '파괴' 등

1) W. *Rothe, Deutsche Großstadtlyrik vom Naturalismus bis zur Gegenwart*, Stuttgart 1973, 14면.

의 감정으로 표출되었다. 자아의 소멸, 몰락, 붕괴, 파괴, 혹은 대도시의 소멸, 몰락, 붕괴, 파괴였다. 전자의 예로 트라클G. Trakl의 「몰락Verfall」(1913)이 있고, 후자의 예로 하임G. Heym의 「도시의 신」이 있다. 「도시의 신」은 '도시의 종말', 혹은 '세계의 종말'에 대한 예감이었다.

'도시의 종말', 혹은 '세계의 종말'에 대한 가장 유명한 시가 판 호디스J. van Hoddis의 「세계의 종말」이었다. 이 시가 내용적으로 큰 반향을 일으킨 것은 제1차세계대전 직전의 몰락의 분위기, 혹은 몰락을 염원하는 분위기와 맞아 떨어졌기 때문이었다.[2] 젊은 세대들은 빌헬름 시민사회(혹은 빌헬름 산업사회)의 관습 및 세계이해에 반대했었다.

「세계의 종말」이 발표된 것은 1911년, 판 호디스(1987~1942)의 나이 24세 때였다. 1914년 이후 판 호디

---

2) '몰락에 대한 염원'과 '변화에 대한 의지'는 동전의 앞뒤 관계에 있다. 不正을 不正으로 폭로하는 것은 '不正의 극복'을 목표로 하는 것이다. 후기 표현주의의 커다란 주제가 "새로운 인간"에 대한 요구였다. A. Arnold, *Die Literatur des Expressionismus*, Stuttgart 1971, 57-62면 참조.

스는 '정신병'으로 여러 치료소를 전전하였다. 1942년 유대인 정신병원에서 추방되어 '알 수 없는 곳'에서 살해되었다. 국가사회주의자들이 병든 유대인을 살려 두지 않았다.

시민의 뾰족한 머리에서 모자가 날아간다.
공중 모두에서 비명 같은 것이 울린다.
기와장이들이 떨어져 두 동강난다.
그리고 해안에는 - 사람들은 읽는다 - 해일이 올라 온다.

폭풍이 왔다. 사나운 바다들이 껑충 뛰어
뭍에 올라 제방들을 무너뜨리려고 한다.
사람들 대부분은 코감기를 앓고 있다.
기차들이 철교들에서 떨어진다.

Dem Bürger fliegt vom spitzen Kopf der Hut,
In allen Lüften hallt es wie Geschrei,
Dachdecker stürzen ab und gehn entzwei,
Und an den Küsten - liest man - steigt die Flut.

Der Sturm ist da, die wilden Meere hupfen

An Land, um dicke Dämme zu zerdrücken.
Die meisten Menschen haben einen Schnupfen.
Die Eisenbahnen fallen von den Brücken.

－「세계의 종말Weltende」 전문

제목에 부응해서 내용은 파국적, 종말론적 세계를 보여주고 있는 것으로 보인다. 불의 사회를 물로 응징하는 것으로 보인다. "종말"은 시민사회의 종말이고 산업사회의 종말이다. 시민사회의 종말과 산업사회의 종말은 대도시의 종말이다.

"시민의 […] 머리에서 모자가 날아"가는 것, "기와장이들이 떨어져 두 동강"나는 것들을 시민사회의 종말로 보는 것이다. "해일이 […] 제방들을 무너뜨리려고" 하고, "기차들이 철교들에서 떨어"지는 것을 산업사회의 종말로 보는 것이다.

2

문제화된 시는 계속 문제화된다. 새롭게 해석하려는 시도가 계속 이어지기 때문이다. 본고에서는 「세계의 종말」을 두 개의 관점에서 접근해보려고 한다. 하나는, 전통적 서정시의 영역을 벗어나지 못했다는 관점이다. 또 하나는, 그러므로, 전통적 서정시의 영역을 벗어났다는 관점이다. 뒤의 관점에 대해 부연하면, 힐러K. Hiller가 「세계의 종말」과 함께 표현주의가 시작되었고, 판 호디스를 표현주의의 "발의자"라고 한 것에 동의하는 것이다. 베허J. R. Becher가 「세계의 종말」을 "표현주의적 반역의 승전가"라고 한 것에 동의하는 것이다. 핀투스K. Pinthus가 표현주의의 유명한 사화집 『인류의 황혼과 여명』(1919) 맨 앞에 「세계의 종말」을 둔 의도에 대해 동의하는 것이다. 「세계의 종말」 이후 형식적 아류들이 그 뒤를 이었다는 견해에 동의하는 것이다.[3)]

3

문제는 '상호 긴밀한 내적 연관관계'이다. 행과 행 사이, 연과 연 사이의 상호 긴밀한 내적 연관관계가 「세계의 종말」을 전통적 서정시로 '이해'하게 하고

3) A. und W. van Ringsum, *Interpretationen. Lyrik*, München 1991, 64-65면 참조.

있다.[4]

'종말'이 단계적으로, 혹은 점층적으로 진행되었다고 보는 것이다. 시의 구조를 '단계 구조', 혹은 '점층적 구조'로 보는 것이다.

첫째, 시민계급이 즐겨 쓰는 "모자"를 "날아"가게 하고, 그 다음 "기와장이들"을 "떨어"지게 하였다. 모자는 시민들의 머리를 보호하고 기와장이들은 시민들의 지붕을 보호하는 것(모자와 지붕은 다른 말로 하면 머리덮개이고 집덮개이다). '덮개'에 문제가 생겼다는 것은 안전에 문제가 생겼다는 것이다. 먼저 인간들을 위태롭게 하고, 그 다음 인간들이 사는 집을 위태롭게

4) 물론 5음보 약강격의 운율, 그리고 각운(첫째 연: 포옹운, 둘째 연: 교차운) 및 聯 구조들에 대해서 말할 수 있다. 슈트람A. Stramm의 시에서 흔히 나타났던 언어 해체, 벤G. Benn의 시, 혹은 그 이전의 홀츠A. Holz의 시에서 흔히 나타났던 형식 해체들과 비교할 수 있다. 그러나 많은 '현대적' 시들, 예를 들어 게오르게S. George, 호프만스탈H. v. Hofmannstahl, 릴케R. M. Rilke들의 시들에서 전통적 운율, 그리고 각운 및 聯 구조들이 지켜지고 있다. 단순히 운율, 그리고 각운 및 聯 구조들이 지켜졌다고 해서 전통적 서정시의 영역에 있다고 할 수 없다.

한 것을 '단계 구조', 혹은 점층적 구조로 보는 것이다.

둘째, 머리덮개와 집덮개에 문제가 생긴 것은 '시민비극'의 첫 장일 뿐, 이어서 "해일", "폭풍", "바다들"이 밀려와 "제방들을 무너뜨리려고 한다." 현대문명을 상징하는 "기차들"을 "철교들에서 떨어"뜨린다('기와장이들'에 이어 두 번째 떨어진다). 바다들, 제방들, 기차들, 철교들 등 복수형을 사용함으로써 위기가 전면적 · 세계적임을 암시하고 있다. 인간들을 위태롭게 하고, 인간들이 사는 집을 위태롭게 하고, 그리고 세계를 위태롭게 했으므로 단계 구조, 혹은 점층적 구조이다.

첫째 연에서 둘째 연으로의 진행이 점층적인 진행이다. '보호막'을 상징하는 모자, 지붕들을 날아가거나 망가지게 해서 시민사회의 위기를 감지시키고, 이어서 해일, 폭풍을 불러와 시민사회 · 산업사회를 붕괴시킨다. 첫째 연 넷째 행의 "그리고 해안에는 - 사람들은 읽는다 - 해일이 올라온다"가 첫째 연의 '시민사회의 위기'와 둘째 연의 '시민사회의 붕괴'의 매개역할을 하고 있다.

상승의 이미지와 하강의 이미지의 부단한 교차가

제목 "세상의 종말"에 부응해 뭔가 일어날 것 같은 느낌을 고조시키고 있다. 모자가 날아가고, 해일이 올라오고, 바다가 껑충 뛰는 것이 상승이고, 기와장이가 떨어지고, 기차가 떨어지는 것이 하강이다.

「세계의 종말」을 상승의 이미지와 하강의 이미지의 교차로 보는 것, 무엇보다도 단계 구조, 혹은 점층적 구조로 보는 것은, 「세계의 종말」을 하나의 '유기체'로 보는 것이다. 행과 행, 연과 연이 상호 긴밀한 내적 연관관계에 있다고 보는 것이다.

4

역시 문제는 '상호 긴밀한 내적 연관관계'이다. 그러나 이번에는 상호 긴밀한 내적 연관관계의 否認이다. 이 시를 단계 구조, 점층적 구조로 보지 않는 것이다. 전통적 서정시의 영역을 벗어났다고 보는 것이다.

단서는 첫째 연 넷째 행의 "그리고 해안에는 – 사람들은 읽는다 – 해일이 올라온다"이다. 더 구체적으로 말하면 "그리고"와 "사람들은 읽는다"이다. '사람들은 읽는다'를 '사람들이 신문을 읽는다'로 보는 것이다. '사람들'에 시적 화자가 포함되어 있다고 보는 것이다. 시적 화자가 지금 신문을 크로스 리딩Cross-reading하고 있다고 보는 것이다. 시행들을, 크로스 리딩한 것의 나열, 혹은 헤드라인의 나열이라고 보는 것이다. '그리고'에 주목하여, 화자가 "모자가 날아간다"는 것을 읽고, "비명 같은 것이 울린다"는 것을 읽고, "기와장이들이 떨어져 두 동강난다"는 것을 읽은 다음, **그리고** "해안에는 […] 해일이 올라온다"는 것을 읽고 있다고 한 것으로 보는 것이다.

「세계의 종말」의 시행들을 신문을 크로스 리딩한 것의 나열, 특히 신문 헤드라인의 나열이라고 하는 것을 뒷받침하는 것이 「세계의 종말」에서 둘째 연의 첫 두 행만 주문과 종속문의 관계에 있고 나머지 6개 행이 모두 主文들이라는 점이다. 크로스 리딩한다는 것은 요점만 파악한다는 것이다. 從屬文 없이 主文으로만 파악한다는 것이다. 헤드라인도 마찬가지이다. 헤드라인에는 從屬文이 없다. 헤드라인은 '간결한' 헤드라인이다.

「세계의 종말」의 시행들이 신문을 크로스 리딩한 것의 나열, 혹은 신문 헤드라인의 나열이라면 시행들

사이에 상호 긴밀한 내적 연관관계가 존재한다고 볼 수 없다. 부분을 전체의 관점에서 고려하는 시적 화자가 있을 때 부분과 부분들 사이에는 상호 긴밀한 내적 연관관계가 존재한다.

다시 강조해야 할 것이 「세계의 종말」이 두 행만 빼고 主文들로 구성되어 있다는 점이다. 하나의 主文이 하나의 시행을 형성하고 있다. 구문단위와 운율단위가 일치하고 있다.

主文과 從屬文의 관계는 대부분 인과관계이거나 목적관계이다. 從屬文이 없고 主文만 있다는 것은 그러므로 인과관계나 목적관계에서 벗어나 있음을 의미한다. 상호 밀접한 내적 연관관계에서 벗어나 있음을 의미한다. 둘째 연 마지막 두 행을 보자.

사람들 대부분은 코감기를 앓고 있다.
기차들이 철교들에서 떨어진다.

"사람들"이 "코감기를 앓고 있"는 것과 "기차"가 "철교들에서 떨어"지는 것 사이에는 아무런 인과관계나 목적관계가 존재하지 않는다. 상호 밀접한 내적 연관

관계가 존재하지 않는다. 두 행은 主文이 독자적으로 존재하는 것처럼 독자적으로 존재한다.5)

시학 용어로 상호 긴밀한 내적 연관관계 없는 主文의 나열을 병렬양식이라고 한다. 「세계의 종말」의 지배적 구성원리를 병렬양식이라고 할 수 있다. 병렬양식에는 시작이 따로 정해져 있지 않고 끝이 따로 정해져 있지 않다. 문장들이 인과관계나 목적관계로 얽혀 있지 않으므로[主文의 나열이므로] 서로 위치를 바꿀 수 있다. 심지어 '어느 문장'을 뺄 수 있다. 동시대인들에게 새로웠던 것이 바로 이 병렬양식이었다.

병렬양식을 세계에 대한 미메시스로서 '동시적 서술기법'이라고 할 수 있다. 사건은 동시에 일어나기 때문이다. "기와장이들이 떨어져 두 동강" 날 때, "해

---

5) 이 두 구절에서 주목되는 것은 내용적 독자성이 형식적 유사성을 통해 강조되고 있다는 사실이다. 두 행은 통사구조가 일치한다. 같은 여성 정관사 Die로 시작하고 있으며 주어 동사 보족어의 순서로 구성되어 있다. 치글러는 이러한 내용적 독자성과 형식적 유사성의 병렬이 「세계의 종말」에서 처음 등장하였다고 하고 있다. J. Ziegler, *Form und Subjektivität. Zur Gedichtsstruktur im frühen Expressionismus*, Bonn 1972, 125-126면 참조.

안에는 […] 해일이 올라온다." 베허의 말을 빌면 "이 세계에 단독으로 존재하는 것이란 없다. 모든 개별적인 것은 그렇게 보일 뿐이지, 모든 개별적인 것은 무한한 상호관련 속에 존재한다. […] 어떤 것도 격리되어 혼자서 존재할 수 없다." 베허는 바로 이 "사건의 동시성에 대한 감정"이 동시대인들에게 깊은 감명을 주었다고 했다.6)

5

병렬양식을 「세계의 종말」의 기본 구조로 보는 것은 단계 구조, 혹은 점층법적 구조를 「세계의 종말」의 기본 구조로 보는 것에 반대하는 것이다. 「세계의 종

6) J. R. Becher, *Lyrik, Prosa, Dokumente*, Wiesbaden 1965, 5-6면. 베허가 "모든 개별적인 것은 무한한 상호관련 속에 존재한다"고 한 것을 시에서의 상호 긴밀한 내적 연관관계와 동일시해서는 안 된다. '모든 개별적인 것의 무한한 상호관련성'은 '사건의 동시성'을 말한 것이다. "사람들 대부분은 코감기를 앓고 있"고, 그리고 동시에 "기차들이 철교들에서 떨어진다." 이것이 베허가 말하는 모든 개별적인 것의 무한한 상호관련성이다. 사건의 동시성이다.

말」에서는 행과 행, 연과 연 사이에 상호 긴밀한 내적 연관관계가 존재하지 않는다고 보는 것이다. 단계 구조, 혹은 점층법적 구조로 보는 것은 '상호 긴밀한 내적 연관관계'를 인정하는 것이다.

표현주의 시문학의 특징적 양식은 '비명', '황홀경' 등으로 인한 구문 파괴이다. 비명을 지르면서 규칙을 지키지 않기 때문이다. 혹은 황홀경의 상태에서는 규칙을 지키지 않기 때문이다. 병렬양식과의 공통점은 '파편적 글쓰기'라는 점이다. 구문 파괴가 파편적 글쓰기이고, '상호 긴밀한 내적 연관관계'를 형성하지 않는 것이 파편적 글쓰기이다. 이제 우리는 힐러가 「세계의 종말」에서 표현주의 시문학이 시작되었다고 한 것, 베허가 「세계의 종말」을 표현주의적 반역의 승전가라고 한 것을 이해하게 된다. 앞에서 「세계의 종말」 이후 형식적 아류들이 그 뒤를 이었다고 했을 때, '형식'이란 바로 이 병렬양식, 혹은 동시적 서술기법을 두고 한 말이었다.[7]

---

7) 각주 3) 참조. 다음은 리히텐슈타인A. Richtenstein (1889~1914)의 「황혼Die Dämmerung」(1913)의 한 구절이다. "한 창문에 한 뚱뚱한 남자가 달라붙어 있다./ 한 사내애가

리아K. Riha는 그러나 동시적 서술기법은 미래파의 同時主義, 혹은 同時性에서 이미 나타났었다고 하고 있다. 미래파는 同時主義를 큐비즘 회화의 다면적 공간에 "시간 개념"을 덧붙인 것으로 간주했다는 것이다. 그리고 이것이 당시 유럽 전체의 문화 예술에 영향을 끼쳤다는 것이다.[8)]

상호 밀접한 내적 연관관계의 파괴, 혹은 구문 파괴를 대도시에 대한 미메시스의 관점에서 접근할 수 있다. 대도시는 상호 긴밀한 내적 연관관계를 갖고 있을지라도 문학적 주체는 대도시를 부분적으로, 파편적으로, 파악할 수밖에 없다. 대도시는 거대한 대도시이기 때문이다. 부분적으로, 파편적으로 파악하는 것은 달리 말하면 분업(화)의 반영이다. 분업의 미메시스라고 할 수 있다. 문학 주체의 부분적, 파편적 파악

한 多感한 여자를 방문하려고 한다./ 한 백발의 광대가 장화를 신는다./ 한 유모차가 소리를 지르고 개들이 저주하듯 짖는다." 행과 행 사이에 상호 긴밀한 내적 연관관계가 존재하지 않는다. 신문을 크로스 리딩Cross-reading한 것 같다.

8) K. Riha, "*Dem Bürger fliegt vom spitzen Kopf der Hut*", in: *Gedichte und Interpretation. Vom Naturalismus bis zur Jahrhundertmitte*, Stuttgart 1995, 122면 참조.

이, 혹은 분업의 미메시스가, 병렬양식, 몽타주, 꼴라주 등을 낳았다.

6

표현주의가 내면의 예술, 상상의 예술임을 감안하여 이 시를 현실과 비현실의 교차로 읽을 수 있다. 첫째 연의 넷째 행을 '현실'의 행으로 보고, 첫째 연의 나머지 3행을 '비현실'의 행으로 보는 것이다. 둘째 연에서는 셋째 행을 '현실'의 행으로 보고, 나머지 3행을 '비현실'의 행으로 보는 것이다.

첫째 연 넷째 행을 현실의 행으로 보는 것은 '삽입구', "사람들은 읽는다"라는 리얼한 표현 때문이다. 둘째 연 셋째 행을 현실의 행이라고 보는 것 역시 리얼한 표현 때문이다. 혹은 "사람들 대부분은 코감기를 앓고 있다"라고 한 것이 다른 파국적(혹은 종말론적) 국면들과 어울리지 않기 때문이다.

비현실의 행이라고 한 것은 작가의 내적 상상의 소산으로 보았기 때문이다. "뾰족한 머리"(첫째 행), "비명 같은 것"(둘째 행), "기와장이들"의 "두 동강"

(셋째 행)들을 비현실적 상상으로 보았고, "기차들이 철교들에서 떨어"(둘째 연 넷째 행)지는 것을 비현실적 상상으로 보았기 때문이다. 둘째 연 첫 두 행을 비현실의 행, 상상의 행이라고 한 것은 시적 화자가 신문에서 해일이 올라온다는 소식을 접하고 나서(첫째 연 넷째 행) 나름대로 상상한 것으로 보았기 때문이다. 이 두 행을 비현실의 행이라고 보는 또 하나의 근거는 "바다들이 껑충 뛰"었다는 코믹한 표현 때문이기도 하다.

06

대도시시: 사람의 객체화 · 사물의 주체화

- 벤의 『작은 과꽃』, 『아름다운 청춘』 들을 중심으로 -

1

대도시는 많은 시인에게 "저주의 장소"[1)]였다. 많

1) 물론 대도시에 대한 양면감정병존이 존재한다. 대도시는 시인들에게 "고통이면서 창조적 삶의 근거"였다. "저주와 선물"이었다. 자연주의 시대에 하르트J. Hart는 다음과 같이 읊었다. "하나의 낙원, 하나의 비옥한 가나안 - / 어두운 연기에 휩싸여 썩어가는 하나의 지옥"(「베를린으로 가는 중에Auf der Fahrx nach Berlin」(1885) 부분). 그러나 양면감정병존에도 차이는 있다. 큰 부정과 작은 긍정의 차이이다. 대부분의 시인

은 시인들이 '고통의 도시'(같은 이름의 하임G. Heym과 베허J. R. Becher의 시 「고통의 도시」가 있다)를 읊었다. 감옥, 빈민구제소, 유곽, (정신)병원, 시체공시소들이 대도시의 모순의 구체화였다. 문학 속의 도시들은 대부분 디스토피아로 규정되었다.[2)]

벤G. Benn(1886-1956)의 첫 시집 제목이 『시체공시소 · 기타Morgue und andere Gedichte』(1912)였다. 해부실의 시체 및 입원실 병자 등을 소재로 한 연작시 9편이 수록되어 있다.[3)] 벤의 직업은 비뇨기과 의사였다.

『시체공시소 · 기타』는 인간 육체의 몰락[4)]에 대한

들은 "작품의 저수지"로서의 대도시의 긍정적인 면에 대해서는 침묵했다. W. Rothe, *Deutsche Großstadtlyrik vom Naturalismus bis zur Gegenwart*, Stuttgart 1973, 10면 참조; 대도시에 대한 양면감정병존에 대해서는 바로 뒷장 「대도시시: 양면감정병론의 시 – 브레히트의 「불쌍한 베베」를 중심으로 –」 참조.

2) 한국의 기형도는 도시를 사막 속의 물이 아닌 "물 속의 사막"이라고 규정하였다. 동명의 시 「물 속의 사막」 참조.

3) 제목에서 이미 시의 분위기를 파악할 수 있다. 「작은 과꽃」, 「아름다운 청춘」, 「순환」, 「흑인 신부」, 「진혼곡」, 「진통 중인 부인의 방」, 「맹장」, 「남녀가 암병동을 지나가다」, 「밤의 카페」 들이다.

기록이다. 죽음과 병에 대한 기록,[5] '비참한 被造物的' 존재에 대한 기록이다.

4) '자아 몰락' 중 "육체적 몰락과정"에 대한 기록이다. 이외 리히텐슈타인Al. Lichtenstein, 하임, 트라클G. Trakl의 시들에서 자아의 죽음, 몰락, 부패의 테마를 발견할 수 있다. 벤의 시 「코카인Kokain」(1917)은 '자아 몰락'을 테마로 한다. 트라클이 벤과 다른 것은 불안과 절망에 의한 몰락 체험을 보여주고 있는 점이다. 트라클의 시 「몰락 Verfall」(1913) 참조.

5) '대도시시'가 여기까지 왔다. 대도시에서의 죽음은 대량생산적 죽음(병원)이거나 익명의 죽음(병원, 시체공시소)이다. 대량생산적 죽음, 익명의 죽음에 대해서는 릴케가 이미 그의 대도시시 『말테의 수기』(1910)에서 언급하였다. 김용민 역, 책세상, 2000, 15-16면 참조; 죽음과 몰락이라면 또한 보들레르를 언급하지 않을 수 없다. 특히 익명의 주검에 대한 시 「썩은 시체Une charogne」 참조; 한국에서는 기형도가 그의 여러 시편들에서 대도시의 익명성을 강조하였다. "블라인드를 내리고 있는 숲을 본다./ 자네가 무엇을 생각하는지 모르겠어./ 수백 개의 명함들을 읽으며/ 일일이 얼굴들을 기억할 순 없지."(「종이달」 부분) "숲"은 익명성을 강조하기 위한 것이다. "수백 개의 명함들을 […] 일일이 기억할 수 없"다고 한 것도 대도시의 익명성을 강조하기 위한 것이다. 박찬일, 「기형도 시에 대한 몇 개의 진술」, 『현대 비평과 이론』, 2007, 제14권 제1호 통권 27호, 210면 참조.

라스커 쉴러E. Lasker-Schüler는 『시체공시소 · 기타』의 모든 시행들이 "표범이 무는 것, 야생동물이 뛰는 것"[6] 같다고 하였다. 치명적 언어, 길들여지지 않은 언어를 두고 한 말이다.[7]

『시체공시소 · 기타』의 문학사적 의미는 크게 두 가지이다. 첫째, 전통적 서정시 개념의 전면적 해체이다. 죽음과 관련된 소재 선택 및 냉혹한 객관주의에 기인하는 것으로 해부실 및 병실 풍경이 적나라하게 노출되었기 때문이다. '죽음'(혹은 주검) 및 신체 기관에 대한 정확한 기록은, 혹은 과장된 묘사는, 당시의 독자들에게 많은 논란을 불러 일으켰다. '추의 미학'이 극단적으로 적용되었다고 할 수 있다. 둘째, 첫째와 불가분의 관계에 있는 것으로 전통적 인간 관념의 해체이다. 인간은 더 이상 "창조의 왕관"[8]이 아니다.

---

6) H. Glaser/J. Lehmann/A. Lubos, *Wege der deutschen Literatur*, Frankfurt/M. 1986, 470면.

7) '치명적 언어, 길들여지지 않은 언어'를 '표현주의적'이라고 할 수 있다.

8) 「의사Der Arzt」(1912)에서 벤은 "창조의 왕관, 돼지, 인간 −: [···] 동물들과 사귀시오!"라고 썼다.

"기름 덩어리, 썩은 진물"(「남녀가 암병동을 지나가다」)일 뿐이다.

이 줄은 배가 문드러진 사람들.
이 줄은 가슴이 문드러진 사람들.
침대마다 악취가 나요. 간호사는 시간마다 교대하지요.
여기 이불을 가만 들춰봐요.
기름 덩어리, 썩은 진물을 봐요.
[…]
여기 이 여자는 서른 개의 몸에서 나오는 것만큼 피를 흘리지요.
그렇게 많은 피를 가진 사람은 없지요.
여기 이 여자는 자궁암에 걸린 여자,
수술로 지금 막 한 아이를 끄집어냈지요.

밤낮으로 자게 하지요. – 새 환자가 오면
자는 것이 건강에 좋다고 말해주지요. – 면회가 있는
일요일에만 약간 정신이 들게 하지요.

Hier diese Reihe sind zerfallene Schöße.
und diese Reihe ist zerfallene Brust.

Bett stinkt bei Bett. Die Schwestern wechseln stündlich.

Komm, hebe ruhig diese Decke auf.
Sieh, dieser Klumpen Fett und faule Säfte,
[⋯]
Hier diese blutet wie aus dreißig Leibern.
Kein Mensch hat so viel Blut.
Hier dieser schnitt man
erst noch ein Kind aus dem verkrebsten Schoß.
Man lässt sie schlafen. Tag und Nacht. – Den Neuen
sagt man: hier schläft man sich gesund. – Nur sonntags
für den Besuch lässt man sie etwas wacher.

– 벤, 「남녀가 암병동을 지나가다
Mann und Frau gehn durch die Krebsbaracke」

"그대들의 영원한 이데올로기적 수다를 집어치워라. 보다 높은 존재가 되기 위한 가엾은 노력을 그만 두라. 인간은 보다 높은 존재가 되지 못한다."[9] 역시 벤의 말이다. 벤에게 인간이란 단지 의식을 가진 동물

이었다.[10]

『시체공시소 · 기타』는 과학에 대한 낙관주의, 진보에 대한 낙관주의, 그리고 덕과 도덕에 대한 생각을 근본적으로 회의하게 하였다. 그동안의 포근하고 안락한 시민적 삶이 가상현실Scheinwirklichkeit이었음을 폭로하였다.

본고에서는 사람의 객체화 · 사물의 주체화, 혹은 인간모독(혹은 신성모독)이 『시체공시소 · 기타』에서 전경화되었다고 보고 이를 구체적으로 적시해보려고 한다. 사람의 객체화 · 사물의 주체화, 혹은 인간모독(혹은 신성모독)은 특히 「작은 과꽃」, 「아름다운 청춘」들에서 감행되었다. 자살한 소녀의 가슴은 쥐들의 보금자리였고(「아름다운 청춘」), 익사한 맥주 배달원의 가슴은 작은 과꽃의 꽃병이었다(「작은 과꽃」).

---

9) *Vorwort zu frühe Lyrik und Dramen*, 1952.

10) E. Haller, *Gottfried Benn. Die Entwicklung seiner Weltanschauung im frühen Werk*, Innsbruck 1965, 70면; 김주연, 『고트프리트 벤 시의 기본구조 연구 – (절대시)론을 중심으로 –』, 서울대학교 문학박사 학위논문, 1981, 35면에서 재인용.

2

사실 '사물의 주체화 · 사람의 객체화'는 표현주의 문학에서 가장 빈번하게 나타나는 주제 중의 하나였다. '사물의 주체화, 사람의 객체화'는 제1차세계대전의 '참호전'과 관계 있다. 병사들이 죽으면 계속 새로운 병사들이 충원되었다. 병사들은 사물[소모품]과 마찬가지였다.[11] 한국전쟁 때의 '중공군'의 인해전술 역시 병사들을 소모품으로 생각하는 전술이었다. 다음은 슈트람A. Stramm(1874-1915)의 「척후」(1915/1916)이다.

돌이 쪼갠다
창문이 배반을 이죽거린다
나뭇가지가 (목을) 조른다
산 덤불 바스락거리며 지나가는 소리
비명
죽음.

---

11) J. Knopf, *Menschenmaterial*, in: *Deutsche Gedichte und ihre Interpretation*, 10 Bde, hrsg. v. M. R.-Ranicki, Frankfurt/M. 1996, Bd. 5, 265-266면 참조.

Die Steine feinden
Fenster grinst Verrat
Äste würgen
Berge Sträucher blättern raschlig
Gellen
Tod.

－「척후Patrouille」 전문

市街戰의 한 장면이라고 보면 된다. "돌"과 "창문"과 "나뭇가지", 그리고 "산 덤불"들에 척후병들이 무방비 상태로, 적대적으로, 노출되어 있는 형국을 보여주고 있다. 사람이 사물을 관찰하는 것이 아니라. 사물이 사람을 관찰하고 있는 것으로 보인다. 주객이 바뀐 것으로 보인다.

판 호디스J. Van Hoddis(1887-1942)의 「세계의 종말Weltende」(1911)에서도 사람의 객체화・사물의 주체화, 혹은 관점의 중립화[12] 양상이 나타났었다.

---

12) J. Ziegler, *Form und Subjektivität. Zur Gedichtsstruktur im frühen Expressionismus*, Bonn 1972, 125면. 능동적 사람을 수동적 사물의 위치로 떨어뜨린 것을 '관점의 중립'에 의한 것으로 보는 것이다.

> 시민의 뾰족한 머리에서 모자가 날아간다.
> 공중 모두에서 비명 같은 것이 울린다.
> 기와장이들이 떨어져 두 동강난다.
> 그리고 해안에는 - 사람들은 읽는다 - 해일이 올라
> 온다.
>
> 폭풍이 왔다. 사나운 바다들이 껑충 뛰어
> 뭍에 올라 제방들을 무너뜨리려고 한다.
> 사람들 대부분은 코감기를 앓고 있다.
> 기차들이 철교들에서 떨어진다.[13)]

관점의 중립은 "비명 같은 것이 울린다"(둘째 행)라는 '오불관언'(?)의 표현에서도 나타나지만, 무엇보다도 '사람'에 대한 태도에서 나타난다. 첫째 행, "시민의 뾰족한 머리에서 모자가 날아간다"에서 '시민'[사람]은 자연의 힘에 의해 '중요한' 모자를 잃는 존재이다. 수동적 객체일 뿐이다. 셋째 행, "기와장이들이 떨어져 두 동강난다"에서, 특히 '두 동강난다'라는 표현 때

13) 독문 생략. 이 책의 제5부 「대도시시: 병렬양식, 대도시의 미메시스 - 판 호디스의 「세계의 종말」을 중심으로 -」 참조.

문에, 사람은 사물과 다를 바 없어 보인다. 일곱째 행, "사람들 대부분은 코감기를 앓고 있다"에서 인간은 중립적 '통계'의 대상이 되고 있다. '사물'에 대해서는 반대이다. 사물에게는 고유한 생명이 부여되고 있다. "바다들이 껑충 뛰어 [⋯] 제방들을 무너뜨리려고 한다"고 한 것이 그것이다. '바다들'은 독립적인 행동의 주체였다. 사람은 "기와장이들이 떨어져 두 동강난다"에서처럼 문법적으로 주어의 자리에 있을 때도 수동적 객체였다.

3

다음이 「시체공시소 · 기타」의 서시 「작은 과꽃」이다.

> 익사한 맥주배달원이 테이블 위에 받쳐져 있었다.
> 그의 이빨 사이에는 누군가 꽂아둔
> 담자색 과꽃 한 송이가 있었다.
> 내가 가슴에서부터
> 피부 아래로
> 긴 칼을 그어

혀와 구강을 끄집어냈을 때
나는 그 꽃을 건드리지 않을 수 없었다. 그럴 것이 꽃이
옆에 있는 뇌 속으로 미끄러져 들어갔기 때문이었다.
구멍난 가슴을 봉합할 때 나는
대팻밥 사이에
그 꽃송이를 바르게 세워놓았다.
너의 꽃병에서 배부르게 마시려므나!
편히 쉬려므나,
작은 과꽃(아)!

Ein ersoffener Bierfahrer wurde auf den Tisch gestemmt.
Irgendeiner hatte ihm eine dunkelhellila Aster
zwischen die Zähne geklemmt.
Als ich von der Brust aus
unter der Haut
mit einem langen Messer
Zunge und Gaumen herausschnitt,
muss ich sie angestossen haben, denn sie glitt
in das nebenliegende Gehirn.
Ich packte sie ihm in die Brusthölle

zwischen die Holzwolle,
als man zunähte.
Trinke dich satt in deiner Vase!
Ruhe sanft,
kleine Aster!

–「작은 과꽃Kleine Aster」 전문

‘인간이란 무엇인가’라는 철학적 인간학의 질문에 대답하는 시. 답은 ‘피와 살의 덩어리’. 사물과 다름없는 존재; 죽음으로부터 아우라를 걷어낸 시.

이중의 인간모독이 감행되고 있다. 첫째, “익사한 맥주배달원”은 사물처럼 “테이블 위에 받쳐져 있”다. 이성적 · 감정적 주체가 아니라, “이빨”, “피부”, “혀”, “구강”, “뇌”, “가슴” 등으로 구성된 의학해부용 객체이다.[14] 의학적 자아는 마치 자동차 수리공이 자동차를 해체하고 다시 조립하듯 인간의 몸을 열고 닫고 있다.

둘째, 인간이[맥주배달원이] “작은 과꽃”과 비교되

14) 정서웅, 「횡경막 아래 아늑한 곳엔 새끼 쥐들의 보금자리」, 『독일문학의 깊이와 아름다움』, 민음사, 2003, 129면 참조.

었으나 열등비교이다. 인간은 과꽃보다 못한 존재이다. 시적 화자는 처음부터 끝까지 작은 과꽃에 주목하고 있다. "작은 과꽃"(제목)으로 시작해서 "작은 과꽃"으로 끝나고 있다. 크게 세 부분으로 나눌 수 있는데 (1.-3.행, 4.-13.행, 13.-16.행) 무게 중심이 점차로 작은 과꽃으로 이동하고 있다. 맥주배달원은 첫째 행에서만 등장하고 나머지 부분에서는 '기관'으로서만 등장하고 있다. 安息해야 할 존재는 인간이 아니라[인간의 주검이 아니라] 작은 과꽃이었다. "너의 꽃병에서 […] 편히 쉬려므나,/ 과꽃(아)!" 인간은 과꽃의 '꽃병'이었다.

그리고 인간모독은 신성모독이다. 인간은 창조의 왕관, 즉 피조물 중의 왕관으로서의 지위를 부여받았기 때문이다. 조물주에 의해 맨 나중에 창조된 존재로서 다른 피조물들을 다스리라는 임무를 부여받았기 때문이다. 그 인간이 사물과 같은 존재, 혹은 '작은 과꽃'보다 못한 존재로 간주되었기 때문이다.

벤이 초기 시에서 '주체'를 육체(혹은 육체의 몰락)에 한정시킨 것은 전통적인 이원론을 부인한 것이다. 이점에서 벤 역시 니체의 영향권에 있었다.[15] 니체에 의해 플라톤 및 기독교의 이원론, 즉 육체/영혼, 현상/본질의 이원론들이 부인되었고 니체에 의해 삶이 (혹은 육체가) 전면적으로 긍정되었기 때문이다. 『차라투스트라는 이렇게 말했다』(1885)는 '몸'에 대한 헌사였다.[16]

> 암, 매독, 심장마비, 질식의 피안은 - 이것은 이 땅을 창조하기 전의 신들의 매우 무서운 삶이었다.[17]

---

15) 니체의 영향에 대해서는 김주연, 앞의 책, 30-39면과 김인수, 『독일 허무주의 문학 - 현대서정적 자아의 양상 - (프리드리히 니체, 고트프리트 벤)』, 강원대학교 출판부 1999(개정 3판) 참조.

16) 니체는 "정신은 몸에 붙어 있는 어떤 것에 대한 명칭에 불과한 것"이라고 하였다(F. Nietzsche, Also sprach Zarathustra. Mit einem Nachwort von A. Baeumler, Stuttgart 1969, 34면). 인간은 육체적 존재라는 것이다. 「작은 과꽃」들의 몸과 공통적인 것은 몸이 정신(혹은 영혼)을 담는 그릇이 아니라는 것이다. 「작은 과꽃」들의 몸과 다른 것은 몸에 대한 전면적 긍정으로서 몸에 '위엄'을 부여한 것이다. 「작은 과꽃」과 「아름다운 청춘」에서의 인간의 몸은 하찮은 몸으로서 식물의 몸과 동물의 몸과 다를 바 없는, 심지어 식물의 몸과 동물의 몸보다 못한 것으로 나타났다.

"피안"은 "암, 매독, 심장마비, 질식"들이 없는 곳이다. 내세의 세계로 비유될 수 있다. "신들"이라고 했으므로, 니체의 "만약 신들이 존재한다면 나는 내가 신이 아니라는 것을 어떻게 견딜 수 있다는 말인가. 그러므로 신들은 존재하지 않는다"[18]에서의 '신들'처럼 복수형을 썼으므로, 여기서의 신은 단순한 기독교의 신만이 아닌, 같은 이원론의 형이상학까지 포함하는 것이다. 이원론의 기독교적 삶, 이원론의 형이상학적 삶을 "무"섭다고 한 것이다. 이원론이라고 하지만 기독교 및 형이상학에서 중요한 것은 현세가 아닌 내세, 현상이 아닌 본질이었다.

"암, 매독, 심장마비, 질식"들이 없던 곳의 삶을 "매우 무서운 삶"이라고 했으므로 암, 매독, 심장마비, 질식들을 긍정한 것? 만약 그렇다면 이것은 니체 철학과 방불한다. 차라투스트라 철학은 '몰락'을 포함한 삶의, 혹은 현세의, 전면적 긍정이기 때문이다.[19]

---

17) G. Benn, *Heinrich Mann. Ein Untergang*, in: *Werke in 8 Bdn*, hrsg. v. D. Wellershoff, München 1975, Bd. 5, 1,181면.

18) F. Nietzsche, a. a. O., 91면.

19) F. Nietzsche, a. a. O., 11-12면 참조.

니체에 의한 기독교 및 형이상학의 부인은 '모든 가치들의 전도'를 초래하였다. 기독교와 형이상학이 '가치 중의 가치'였기 때문이다. 이점에서 표현주의의 자아 몰락의 모티브와 그 이전의 자아 몰락의 모티브는 서로 다르다. 같은 자살, 광기, 익사체, 시체공시소들의 모티브라 하더라도 표현주의의 자살, 광기, 익사체, 시체공시소의 모티브들은 '부정된 초월성'과 관계 있다.[20]

적극적 허무주의와 소극적 허무주의가 있다. 몰락을 포함한 삶의 전면적 긍정이 적극적 허무주의의 영역이라면 삶, 혹은 행위에 있어서의 우연의 강조는 소극적 허무주의의 영역이다.

「작은 과꽃」에서 우연의 계기 또한 나타나고 있다. 누군가가 작은 과꽃을 한 주검의 이빨 사이에 꽂았었고, 부검 중에 '저도 모르게' 건드려 작은 과꽃을 뇌 속으로 떨어뜨리고 있다. 맨 끝의 세 행이 「작은 과꽃」의 핵심이라면 '우연의 계기'의 연속이 이 시를 성립하게 하였다고 볼 수 있다. "익사한 맥주배달원"의 "이빨 사이에 […] 누군가 꽂아 둔 […] 과꽃 한 송이"의 발

---

20) S. Vietta(Hg). *Lyrik des Expressionismus*, Tübingen 1990, 70-71면 참조.

견도 '우연'의 범주에 놓을 수 있다.

4

다음의 「아름다운 청춘」에서도 이중의 인간모독이 감행되었다.

갈대밭에 한 소녀가 오랫동안 누워있었다.
소녀의 입을 무언가가 갉아먹은 듯했다.[21)]
가슴을 열었을 때 식도에는 구멍이 많이 나있었다.
마침내 횡경막 아래 한 亭子에서
어린 쥐들의 보금자리를 찾아냈다.
작은 암컷 쥐 한 마리가 죽어 있었다.
다른 쥐들은 간과 신장을 먹고 살고 있었고,

---

21) 서두에 여성, 물, 죽음이라는 삼 박자를 제시함으로써 '오필리아 모티브'의 시라는 것을 알리고 있다. 다른 오필리아 모티브의 시들과 비교하게 하고 있다. 그 이전의 대표적 오필리아 모티브의 시는 랭보A. Rimbau의 「오필리아」(1870)이다. 동시대의 오필리아 모티브의 시로 하임G. Heym의 「오필리아」(1910), 체히P. Zech의 「익사체」(1909), 그리고 브레히트B. Brecht의 『익사한 소녀에 관하여』(1919)들이 있다.

차가운 피를 마시고 살고 있었다.
아름다운 청춘을 여기서 보냈다.
그들의 죽음도 아름답게 그리고 빨리 왔다.
그들은 한꺼번에 물 속으로 던져졌다.
아, 그 작은 주둥이들의 빽빽거리는 소리라니!

Der Mund eines Mädchens, das lange im Schlif gelegen hatte,
sah so angeknabbert aus.
Als man die Brust aufbruch, war die Speiseröhre so löcherig.
Schließlich in einer Laube unter dem Zwerchfell
fand man ein Nest von jungen Ratten.
Ein kleines Schwesterchen lag tot.
Die andern lebten von Leber und Niere,
tranken das kalte Blut und hatten
hier eine schöne Jugend verlebt.
Und schön und schnell kam auch ihr Tod:
Man warf sie allesamt ins Wasser.
Ach, wie die kleinen Schnauzen quietschten

－「아름다운 청춘Schöne Jugend」 전문

마찬가지로 인간은 주체가 아닌 (의학해부용) 객체로서 제시되었다. 「작은 과꽃」에서처럼 인간의 주검이 객체였다. 둘째, 인간은 쥐들보다 못한 존재로 간주되었다. "아름다운 청춘"은 인간의 아름다운 청춘이 아니라(즉 이 시는 소녀가 아름다운 청춘이었을 때를 회상하는 시가 아니라), 쥐들의 아름다운 청춘이었다. 시적 화자는 소녀의 죽음이 아닌, 쥐들의 죽음에 대해 연민하였다. "아 그 작은 주둥이들의 삑삑거리는 소리라니"라고 한 것이 쥐들의 죽음에 대한 연민이었다. 인간에 대한 연민이 아닌 쥐들에 대한 연민인 것은 「작은 과꽃」에서 "편히 쉬"어야 하는 대상이 인간이 아닌 과꽃으로 지정된 것과 같다. 「작은 과꽃」에서의 "꽃병"과 「아름다운 청춘」에서의 "亭子"·"보금자리"의 비교도 흥미롭다. 인간이 과꽃의 꽃병이었고 인간이 쥐들의 亭子, 쥐들의 보금자리였다. 비르싱은 이 시에 나타난 "형식"으로서의 몸에 주목하고 있다. 형식은 다른 말로 하면 "컨테이너"[22]

---

22) S. Wirsing, *Die Autorität*, in: *Deutsche Gedichte und ihre Interpretation*, 10 Bde, hrsg. v. M. R.-Ranicki, Frankfurt/M. 1996, Bd. 6, 246면.

이다. 예전에 몸은 정신(혹은 영혼)을 담는 컨테이너였다. 지금은? 식도와 횡경막, 간, 신장의 컨테이너? 쥐의 컨테이너?[23]

「작은 과꽃」과 「아름다운 청춘」은 둘 다 '그로테스크의 詩'이다. 「작은 과꽃」에서 살아있는 과꽃과 살아있는 과꽃의 꽃병인 주검의 병치가 그로테스크하다. 과꽃의 꽃말 '모든 달콤함과 아름다움을 그대에게'를 고려하면 그로테스크의 극치이다. 아름다움·달콤함과 주검의 병치였다. 생명과 죽음, 미와 추의 병치였다. 「아름다운 청춘」에서 살아있는 쥐새끼들과 살아있는 쥐새끼들의 보금자리인 주검의 병치가 그로테스크하다. '죽은' 주검과 '살아있는' 내장의 병치가 그로테스크하다("쥐들은 간과 신장을 먹고 살고 있었고,/ 차가운 피를 마시고 살고 있었다."). 쇼킹한 소재와 쇼킹한 소재에 대한 담담한 서술의 병치가 그로테스크하다. 즉 '주관적 내용'과 '객관적 어조'의 병치가 그로테스크하다. 무엇보다도 제목과 제목과 어울리지 않은 내용의 병치가 그로테스크하다.

그로테스크는 "현실의 특정한 상태에 대해 진술하

---

23) 각주 12) 참조.

는 인식의 개념"[24]이다. 그로테스크한 현실에 대한 인식이 – 여기서는 '대도시적 현실'에 대한 인식이 – 그로테스크 예술을 낳는다. 쉽게 말하면, 그로테스크한 예술은 현실이 그로테스크하기 때문이다.

「아름다운 청춘」을 바그너L. Wagner, 괴테 이래의 '영아살해 모티브'의 반복으로 접근할 수 있다. 죽은 "작은 암컷 쥐"를 '죽은 태아'로 보는 것이다. 다른 쥐들은 간과 신장을 먹으며 피를 마시며 살아있는데 혼자 죽었기 때문이다. 임신한 소녀가 물에 빠져 죽었다? 영아살해 모티브는 오필리아 모티브의 중요한 구성 요소 중의 하나이다.

5

「작은 과꽃」, 「아름다운 청춘」들은 인간은 다른 존재와 마찬가지로 생성과 소멸의 단계를 거친다고 말하고 있다. 삶은 '살아가는 육체에서 썩어가는 육체로의 변화'라고 간단히 정의하고 있다.[25]

---

24) A. Heidsieck, *Das Groteske und das Absurde im modernen Drama*, Stuttgart 1969, 17면.

절망 속의 희망(혹은 절망과 희망의 공존)이라는 표현주의의 일반적 주제를 창작미학에서 찾을 수 있다. '비참한 被造的' 존재에 충격을 받고, 혹은 연민을 느끼고, 이 시들을 썼다고 보는 것이다. 정상성에 충격을 받지 않고 비정상성에 충격을 받기 때문이다. '충격'에는 비정상성을 정상성으로 돌리려는 염원이 담겨 있기 때문이다. '연민'에도 연민 해소의 열망이 담겨 있기 때문이다.

표현주의의 여러 특성들 중 '본질로의 집중', 벤의 말을 빌면 "사물의 뿌리로의 돌진"[26]과 관계없다고 할 수 없다. 첫째, '중요한 말'만 하고 있기 때문이다. '주검'에 대해서만 말하고 있기 때문이다. 「작은 과꽃」에서 맥주배달원이 누구인지, 왜 물에 빠져 죽었는지 말하지 않았고, 「아름다운 청춘」에서 소녀가 누구인지, 왜 물에 빠져죽었는지 말하지 않았다. 둘째, 주검들에

---

25) 브레히트는 그의 「익사한 소녀에 관하여」에서 한 술 더 떠 신도 '죽음'을 기억해주지 않는다고 하였다("그녀의 창백한 육체가 물 속에서 썩어가고 있을 때/ 신이 그녀를 차츰 잊는 사건이 발생했다.").

26) G. Benn, 「*Expressionismus*」, a. a. O., Bd. 3, 806면.

대해 주관적으로 주석하지 않았기 때문이다. (주검에 대해 주석하지 않은 것은) 주검 그 자체가 본질이었기 때문이다. 화려하게 치장하지 않은 '날 것' 그대로의 언어도 역시 '사물의 뿌리로의 돌진'과 관계 있다. 돌진하는 자는 치장할 겨를이 없다.

'급진적 내용의 담담한 기술'도 표현주의와 관계 있다. 급진적 내용을 급진적으로 표현하는 것보다 충격 효과가 더 크기 때문이다. '급진적 내용의 담담한 기술'을 급진적 표현으로 보는 것이다.

이점에서 표현주의와 그 이전의 자연주의 사이에는 불연속의 관계만이 아닌 연속의 관계도 존재한다. 벤의 시체공시소 많은 시편들은 묘사 위주의 시들로서 자연주의의 순간문체를 떠올리게 한다. 독일에 표현주의가 있었다면 프랑스에는 초현실주의가 있었다. 자연주의의 순간문체는 '초현실주의'에도 많은 영향을 끼쳤다. 초현실주의자들이 내면의 제국을 탐사할 수 있었던 것은 자연주의자들의 功이었다. 자연주의의 순간문체, 혹은 시간확대경기술의 功이었다.

07

대도시시: 양면감정병존의 시

– 브레히트의 『불쌍한 베베』를 중심으로 –

1

대도시에 대한 '양면감정병존'을 말하지 않을 수 없다. 대도시는 시인들에게 "고통이면서 동시에 창조적 생활의 근거"였다. "저주와 선물"이었다.[1] 프랑스

1) W. Rothe, *Deutsche Großstadtlyrik vom Naturalismus bis zur Gegenwart*, Stuttgart 1973, 10면 참조. 이것은 우리의 '도시시' 경우에도 마찬가지였다. 유성호는 "'식민지근대'라는 외피에 싸여 우리들에게 들어온 '도시'의 경이로운 외관과 가치는, 당대의 주체들에게 매우 커다란 매혹과 상실감을 동시에 주었다"고 말하며, 아울러 도시미학을 "'미/추' '발전/

의 보들레르의 말을 빌면 "지옥 같은 매력"이었다.[2)]

양면감정병존은 '차이의 양면감정병존'이었다. 큰 부정과 작은 긍정이었다. 대부분의 시인들은 "작품의 저수지"로서의 대도시의 긍정적인 면에 대해서 목소리를 낮추었고[3)] 부정적인 면에 대해서 목소리를 높였다.

고통과 '만족'의 양면감정병존에 대해 말할 수 있다. 19세기 말 자연주의 시대에 하르트J. Hart는 다음과 같이 읊었다.

퇴행' '축복/재앙' 등의 이중적 의미를 끊임없이 재생산하면서 1930년대 이후 최근까지 지속, 변주되어온 어떤 범주"로 정의하였다(유성호, 「'경이와 불안'에서 '우울과 공포'로」, 『침묵의 파문』, 창작과비평사, 55면, 63면 참조). 역시 도시시의 이중성, 혹은 양면감정병존을 강조한 것이다.

2) 보들레르, 「에필로그」, 『파리의 우울』, 윤영애 옮김, 민음사, 1979, 241면; 송승환은 "도시를 경멸하면서도 매혹되어 거리를 산책하던 보들레르"라고 하였다(송승환, 「메트로폴리스의 꽃들과 말없는 사물들의 언어」, 『문학마당』, 2005, 여름, 18면).

3) W. Rothe, a. a. o., 10면 참조.

하나의 낙원, 하나의 비옥한 가나안 -
어두운 연기에 휩싸여 썩어가는 하나의 지옥
-「베를린으로 가는 중에
Auf der Fahrx nach Berlin」(1885) 부분

대도시에 대한 양면감정병존이 잘 드러난 시가 브레히트B. Brecht(1898～1956)의 自傳的 詩「불쌍한 베베 Der arme B. B.」(1922)이다. 全文이다.

1
나 베르톨트 브레히트는 검은 숲 출신.
내가 아직 어머니의 몸에 있을 때
어머니가 나를 이 도시로 데려 왔다네. 내가 죽을 때까지
숲의 냉기가 몸 안에 남아있게 된다.

2
아스팔트 도시가 나의 집이라네. 매 번
신문과 담배와 브랜디들로
종부성사를 치르는 곳.
불신과 게으름, 終局에는 만족이 지배하는 곳.

3

나는 사람들에게 친절하다네. 그들의 관습대로
나는 중절모 하나를 쓰고 다닌다네.
나는 아주 특별히 냄새나는 동물들이 있다고,
그러나 상관없다고, 나도 그중 하나라고 말한다네.

4

오전, 나의 비어있는 흔들의자에 가끔
몇 명의 여자들을 앉게 한다네.
나는 그들을 무심하게 바라보며 말한다네:
내 몸 안에는 그대들이 믿을 수 없는 것이 있다고.

5

저녁. 나는 주위에 남자들을 모은다네.
우리는 서로 '젠틀맨'이라고 호칭한다네.
남자들은 내 책상에 발을 올려놓고 말하네,
좋아질 거야. 나는 언제? 라고 되묻지 않네.

6

아침, 아직 회색빛이 감돌 때 전나무들이 오줌을 싸고
그들의 해충, 새들이 소리치기 시작하네.
이쯤 나는 도시에서 잔을 마저 비우고 담배꽁초를

던져버리고, 불안하게 잠든다네.

7
파괴될 수 없을 것이라고 생각한 집에
앉아 있는 우리들, 浮薄한 족속들.
(우리는 맨해튼 섬에 고층 건물들을 세웠으며
대서양을 떠받치는 가느다란 안테나들을 세웠다)

8
이 도시들로부터 남아있을 것은 도시를
가로질러 가는 바람뿐이라네!
기쁘게 집은 식사하는 사람을 만들고, 식사하는 사람은 집을
비운다네. 우리는 알고 있다네, 우리는 잠정적이며
우리 뒤에 이렇다할 것이 오지 않으리라는 것을.

9
지진이 왔을 때 내가 희망하는 것은
침통함으로 버지니아담배를 끄지 않는 것.
나 베르톨트 브레히트는 어쩌다 검은 숲에서
아스팔트 도시로 흘러 들어왔네.
일찍이 어머니의 몸 안에 있을 때.

1

Ich, Bertolt Brecht, aus den schwarzen Wäldern.
Meine Mutter trug mich in die Städte hinein
Als ich in ihrem Leib lag. Und die Kälte der Wälder
Wird in mir bis zu meinem Absterben sein.

2

In der Asphaltstadt bin ich daheim. Von allem Anfang
Versehen mit jedem Sterbsakrament:
Mit Zeitungen. Und Tabak. Und Branntwein.
Misstrauisch und faul und zufrieden am End.

3

Ich bin zu den Leuten freundlich. Ich setze
Einen steifen Hut auf nach ihrem Brauch.
Ich sage: Es sind ganz besonders riechende Tiere
Und ich sage: Es macht nichts, ich bin es auch.

4

In meine leeren Schaukelstühle vormittags

Setze ich mir mitunter ein paar Frauen
Und ich betrachte sie sorglos und sage ihnen:
In mir habt ihr einen, auf den könnt ihr nicht bauen.

5

Gegen Abend versammle ich um mich Männer
Wir reden uns da mit 'Gentlemen' an.
Sie haben ihre Füße auf meinen Tischen
Und sagen: Es wird besser mit uns. Und ich frage nicht: Wann?

6

Gegen Morgen in der grauen Frühe pissen die Tannen
Und ihr Ungeziefer, die Vögel, fängt an schrein.
Und die Stunde trink ich mein Glas in der Stadt aus und schmeiße
Den Tabakstummel weg und schlafe beunruhigt ein.

7

Wir sind gesessen, ein leichtes Geschlechte

In Häusern, für unzerstörbare galten
(So haben wir gebaut die langen Gebäude des Eilands Manhattan
Und die dünnen Antennen, die das Atlantische Meer unterhalten).

8

Von diesen Städten wird bleiben: der durch sie hindurchging, der Wind!
Fröhlich machet das Haus den Esser: er leert es.
Wir wissen, dass wir Vorläufige sind
Und nach uns wird kommen: nichts Nennenswertes.

9

Bei den Erdbeben, die kommen werden, werde ich hoffentlich
Meine Virginia nicht ausgehen lassen durch Bitterkeit
Ich, Bertolt Brecht, in die Asphaltstädte verschlagen
Aus den schwarzen Wäldern in meiner Mutter in früher Zeit.

긍정과 부정, 愛와 憎이 첨예하게 교차하는 곳은 둘째 연이다. “아스팔트 도시가 나의 집”이라고 한 것은 아스팔트 도시를 예찬한 것이다. ‘나의 집’은 ‘즐거운 나의 집’이라는 말에서처럼 ‘안락’과 관계 있기 때문이다.

긍정된 아스팔트 도시는 바로 부정된다. “매 번 […] 종부성사를 치르는 곳”이라고 했기 때문이다. 종부성사의 細目들이 “신문”, “잡지”, “브랜디”들이다. 신문 잡지 브랜디들로 종부성사를 치른다고 한 것이다. 신문 잡지 브랜디들은 각각 “불신”, “게으름”, “만족”을 표상하고 있다. 주목되는 것은 종부성사의 세목들에도 부정과 긍정이 교차하고 있는 것. ‘불신’과 ‘게으름’이 부정의 세목이고 ‘만족’이 긍정의 세목이다.

아스팔트 도시에 대한 ‘긍정과 부정의 변증’은, 즉 대도시에 대한 양면감정병존은, 둘째 연과 아홉째 연[마지막 연]의 대비에서 분명하게 드러난다. 둘째 연의 서두에서 아스팔트 도시를 나의 집이라고 함으로써 아스팔트 도시에 대해 만족을 표시하였으나, 마지막 연에서 “어쩌다 검은 숲에서/ 아스팔트 도시로 흘러 들어왔네”라고 함으로써 아스팔트 도시에 온 것에 대해 후회하고 있다.[4)] “어쩌다” 아스팔트 도시로 흘러 들어왔다가 된통 혼났다고 한 것이다. 말이 '된통 혼났다'고 한 것이지 사실은 '몰락'과 맞닥뜨렸다.

2

치밀한 구조의 시이다. 첫째 연과 아홉째 연이 호응하고 있고, 둘째 연과 여덟째 연이 호응하고 있다. 같은 모티브가 변주되고 있다. 첫째 연의 "검은 숲"에서 "도시로"는 아홉째 연에서 "검은 숲에서/아스팔트 도시로" 변주되었고, 둘째 연의 몰락의 모티브("종부성사")는 여덟째 연에서 "도시"에서 유일하게 "남아있을 […] 바람", 그리고 "'잠정적" 존재'[인간]로 변주되었다.

시 전체가 변증법적 구조이다. 첫째 연, 둘째 연, 셋째 연은 시적 화자의 '자서전'으로서 각각 '출신', '실존 상황', '이웃에 대한 태도'들을 말하고 있다. 넷째 연, 다섯째 연, 여섯째 연은 시적 화자의 '지배적

---

4) R. Geißler, *Bertolt Brecht: Das biographisch-politische Gedicht*, in: *Interpretationen zur Lyrik Brechts*, hrsg. v. R. Hirschenauer u. A. Weber, München 1971, 102면 참조.

생활방식'[하루 일과]에 대해 말하고 있다. 일곱째 연, 여덟째 연, 아홉째 연은 더 이상 '시적 화자'만의 연이 아닌 "우리들"의 연이다. 변증법적 결론부로서 도시의 종말, 혹은 인간의 종말에 대해서 말하고 있다. "도시들로부터 남아있을 것"이라고는 "바람뿐"이라고 했고, 인간을 "잠정적" 존재라고 하였다(여덟째 연). 종말의 가시적 원인은 "지진"(아홉째 연)이다.

'대도시시'라고 할 수 있다. "맨해튼 섬", "고층빌딩", "안테나", "아스팔트 도시"가 등장하고 있다. "불신", "게으름", "만족"의 알레고리로서 "신문", "담배", "브랜디"가 등장하고 있다. 무엇보다도 익명의 "사람들"이 등장하고 있다. 셋째 연의 "친절"("사람들에게 친절하다")은 '무관심'의 반어로 보인다. "그들의 관습대로 […] 중절모"를 쓴다고 했기 때문이다. "냄새나는 동물들이 있다"고 했고 "나도 그 중의 하나"라고 했기 때문이다. '무관심'은 넷째 연, 다섯째 연에서도 나타난다. 시적 화자는 "여자들을 […] 무심하게 바라보며"(넷째 연), "남자들"에게는 대꾸하지 않는다(다섯째 연). 시적 화자의 '냉담'은 타고난 것일 수 있다. "검은 숲 출신"인 시적 화자는 "죽을 때까지/ 숲의 냉기가 몸 안에" 있을 거라고 했기 때문이다. 대도시시의 특징적 소재는 주시하다시피 군중이고, 군중끼리의 무관심, 냉담, 혐오들이다.[5)]

이 시가 대도시시인 것은 또한 자연을 예찬하지 않기 때문이다.[6)] '냉기'가 도시와 쌍을 이룬 것이 아니라, 자연과 쌍을 이루었다. 냉기는 "숲의 냉기"(첫째 연)였다. "전나무들이 오줌을" 싼다고 하였고 "새들이 소리"(여섯째 연)를 지른다고 하였다. "바람"(여덟째 연)은 無常의 바람이었고, "지진"(아홉째 연)은 '부정적' 자연의 절정으로서 도시를 파멸시키는 것이었다. 물론 지진을 도시 안의 부정적 양상의 총합으

---

5) 이에 대해서는 이 책 제3부「표현주의; 대도시시의 정립」참조.

6) 도시 비판(혹은 목적합리주의에 대한 비판) 및 자연 동경은 낭만주의 이래의 오랜 관습이었다. 도시 비판과 자연 동경은 동전의 앞뒷면이었다. 자연은 비합리주의의 구체화로서 간주되었다. 도시 비판 · 자연 동경의 도식이 깨진 곳이 '대도시시'라고 할 수 있다. 이유는 대도시(혹은 도시)는 '저주'이면서 '선물'이었기 때문이다. 브레히트의 말을 빌면 불신과 게으름, 무엇보다도 만족이 지배하는 곳이었기 때문이다. 대도시는 매혹적 대도시이기도 했다.

로 볼 수 있다. '도시'가 도시를 파괴하는 것으로 볼 수 있다.[7)]

이 시의 주제는, 변증법적 결론부인 일곱째 연, 여덟째 연, 아홉째 연을 강조해서 해석하면, 인간의 문명은 허약하며, 인간은 暫定的 존재이며, 결국에는 파국이 온다는 것이다. (대)도시의 종말에 관한 한 하임G. Heym의 「도시의 신」, 그리고 판 호디스J. van Hoddis의 「세계의 종말」과 맥을 같이 한다.[8)]

이점에서 주목되는 것이 첫째 연에서 시적 화자["브레히트"]가 "검은 숲 출신"이라고 한 것이다. 검은 숲을 고유명사가 아닌, 보통명사로 한 것을 이해하게 된다.[9)] '숲'이 아니라, '검은'에 주목하는 것이다. 검은

---

7) 이에 대해서는 이 책 제4부 「악마에 대한 경배 - 하임의 「도시의 신을 중심으로-」 참조.

8) 신문, 담배, 브랜디들이 도시적 생활방식에 대한 알레고리이고, 그리고 신문, 담배, 브랜디를 가지고 종부성사를 치른다고 했으므로, 시적 화자는 도시적 생활방식에 대한 종말을 처음부터 의식하고 있었다고 보아야 한다.

9) 고유명사로서의 '검은 숲'이 있다. 슈바르츠발트Schwarzwald라고 하는 것으로 우리말로 옮기면 '검은 숲'이다. '슈바르츠'가 '검은'이라는 형용사이고 '발트'가 숲이다. 보통명사라고

숲 출신이라고 한 것을 '검은 곳 출신'이라고 한 것으로 보는 것이다. 다름 아닌, 일생을 검게 살아야 한다고 한 것으로 보는 것이다. 아홉째 연에서 '검은 숲' 출신이라는 것이 다시 강조되었으므로 일생 검게 살았다고 한 것으로 보는 것이다. 첫째 연에서 "내가 아직 어머니의 몸에 있을 때/ 어머니가 나를 이 도시로 데려 왔다네"라고 하고, 끝 연에서 다시 "검은 숲에서/ 아스팔트 도시로 흘러 들어왔네./ 일찍이 어머니의 몸 안에 있을 때"라고 한 것도 이러한 해석을 뒷받침해 주고 있다. 어머니의 몸 속에서 아스팔트 도시로 왔다고 한 것은 검은 숲을 갖고 아스팔트 도시로 왔다고 한 것이다. 그래서 검은 숲의 냉기가 "죽을 때까지 몸 안에 […] 있게 된다"고 한 것이다.

3

또 하나 주목되는 것은 감각적 현세주의, 혹은 즐겁게 몰락하려는 자세를 설교하고 있다는 점이다. 시

한 것은 슈바르츠와 발트를 띄어 썼기 때문이다. 슈바르츠 schwarz를 형용사로 사용했기 때문이다.

적 화자는 "지진이 왔을 때 내가 희망하는 것은/ 침통함으로 버지니아 담배를 끄지 않는 것"이라고 하였다. 신성모독의 첫 시집 『가정기도서』(1927)에 실린 것이 하등 이상한 일이 아니다.

감각적 현세주의, 혹은 즐겁게 몰락하려는 자세의 조건은 허무주의이다. 허무주의로부터는 도피할 수 없기 때문이다. 감각적 현세주의, 혹은 즐겁게 몰락하려는 자세 말고는 도피할 곳이 없기 때문이다. '허망한 존재'는 여덟 번째 연에서 구체화되었다.

> 이 도시들로부터 남아있을 것은 도시를
> 가로질러가는 바람뿐이라네!
> 기쁘게 집은 식사하는 사람을 만들고, 식사하는 사람은 집을
> 비운다네. 우리는 알고 있다네, 우리는 잠정적이며
> 우리 뒤에 이렇다할 것이 오지 않으리라는 것을.

"바람"이 허무주의의 구체화이다. 한 번 지나간 바람은 다시 오지 않기 때문이다. "집"도 언젠가 "비"워질 것이라고 한 것도 허무주의의 구체화이다. "잠정적"이라고 한 것도 허무주의의 구체화이다. 무엇보다도 "우

리 뒤에 이렇다할 것이 오지 않으리라"라고 한 것이 허무주의의 구체화이다. "뒤"를 부정하였기 때문이다. 뒤를 피안 혹은 내세라고 본다면 피안 혹은 내세를 부정하였기 때문이다. 피안, 혹은 내세의 부정의 결과가 허무주의이다.

피안, 혹은 내세의 부정과 차안 혹은 현세의 긍정은 동전의 앞뒤 관계에 있다. 피안, 혹은 내세의 부정이 앞이고 차안 혹은 현세의 긍정이 뒤이다. 피안, 혹은 내세의 부정의 '귀결'이 차안 혹은 현세의 긍정이다.

"기쁘게 집은 식사하는 사람을 만들고, 식사하는 사람은 집을/ 비운다네"라고 한 것도 즐겁게 몰락하려는 자세를 포함한 감각적 현세주의의 구체화이다. '기쁘게'가 '식사하는 사람을 만들고'에도 걸리고 '집을 비운다네'에도 걸린다고 보는 것이다.[10] 전자를 감각적 현세주의의 구체화, 후자를 즐겁게 몰락하려는 자세의 구체화로 보는 것이다.[11]

---

10) '기쁘게'를 시행의 맨 앞에 놓은 의도를 주목한 것이다.

11) 몰락에 취해버리려고 하는 태도는 다름 아닌 디오니소스적 태도, 차라투스트라적 태도이다. 「불쌍한 베베」가 실린

4

시적 화자가 평균적 미국인의 탈Maske을 쓰고 미국식 도시문명을 진단한[예언한] 시라고 할 수 있다. 다섯째 연의 "젠틀맨"은 미국의 젠틀맨이다. 미국의 젠틀맨들은 "책상 위에 발을 올려놓고 말"한다. 무엇보다도 일곱째 연, 여덟째 연, 아홉째 연들을 미국식 도시문명에 대한 것으로 보는 것이다. "맨해튼 섬"의 "고층 빌딩들"에 대한 것으로 보는 것이다.

미국식 도시문명은 물론 '몰락하는' 미국식 도시문명이다. "지진"이라는 초자연적인 힘으로 미국식 도시문명을 몰락하게 하고 있다. 첫째 연의 "숲의 냉기" 또한 초자연적 힘이었다. 시적 화자는 '숲의 냉기'에 일생 동안 사로잡혀 있을 것이라고 단언하였다.

초자연적 힘에 의한 미국식 도시문명에 대한 멸망과 '존재론적 허무주의'에 의한 미국식 도시문명에 대

시집 『가정기도서』는 니체의 절대적 磁場 아래 있었다. 『가정기도서』 이후 브레히트는 마르크스주의자가 되었다. 브레히트와 니체 철학과의 관계에 대해서는 박찬일, 「청년 브레히트와 니체 철학」, 『브레히트 시의 이해』, 연세대학교 출판부, 2004 참조.

한 멸망을 말할 수 있다. 초자연적 힘은 도시문명을 단번에 무너뜨릴 수 있다. 파괴될 수 없을 것 같았던 고층빌딩들도 지진 앞에서는 속수무책이다. 존재론적 허무주의를 뒷받침하는 것이 여덟째 연에서 "도시들로부터 남아있을 것은 도시를/ 가로질러가는 바람뿐이라네!"라고 한 것이다. 바람은 '덧없음'을 표상한다. 덧없음도 초자연적 힘이다. 죽음이 초자연적 힘인 것과 같다.

존재론적 허무주의는 역사적 개념이 아니라 초월적 개념이므로 '미국식 도시문명'은 문명 일반에 대한 제유로 보인다. 간단히 말해, '헛된 문명'이라는 것이다. 죽음이 壯士라는 것이다.[12)]

존재론적 허무주의에 의한 도시문명의 몰락이라고 하는 것은 도시문명 자체의 모순에 의한, 혹은 자본주의적 모순에 의한 도시문명의 몰락이 아니라고 하는 것이다. 예를 들어 자본주의의 최대이윤의 법칙은 살

---

12) 슈만은 「불쌍한 베베」를 "자본주의적 문명의 종말"을 포함하는 "인류사의 종말"에 대한 시라고 하였다. K. Schuhmann, *Der Lyriker Bertolt Brecht 1913-1933*, München 1974, 113면.

상도구에도 적용되었다. 원자탄, 독가스들은 최소의 비용으로 최대의 효과를 거두려는 자본주의적 효율주의의 소산이었다.

'독일 대도시시 연구' 참고문헌

Deutsche Großstadtlyrik vom Naturalismus bis zur Gegenwart, hrsg. v. W. Rothe, Stuttgart 1973.

Großstadtlyrik, hrsg. v. W. Wende, Stuttgart 1999.

Lyrik des Expressionismus, hrsg. v. S. Vietta, Tübingen 1990.

Menschheitsdämmerung. Ein Dokument des Expressionismus, hrsg. v. K. Pinthus, Hamburg 1920(1980).

Naturalismus-Debatte 1891-1896, hrsg. v. Nobert Rothe, Berlin 1986.

Benn, G., *Werke in 8 Bdn*, hrsg. v. Dieter Wellershoff, München 1975.

Brecht, B., *Werke in 20 Bdn(GW),* Frankfurt/M. 1967.

_____. *Werke in 30 Bdn(GBA)*, hrsg. v. W. Hecht u. a., Frankfurt/M. 1988-2000.

Holz, A., *Phantasus*, hrsg. v. G. Schulz, Stuttgart 1984.

Nietzsche, F., *Also sprach Zarathustra*. Mit einem Nachwort von A. Baeumler, Stuttgart 1969.

기형도, 『입 속의 검은 잎』, 문학과지성사, 1989.
김숙희, 「표현주의 시에 나타난 도시와 현대성」, 『독일문학』, 제76집 41권 4호, 2000.
김용민, 『생태문학』, 책세상, 2003.
김원익, 「릴케의 『말테의 수기』와 대도시 문제」, 연세대학교 박사학위 논문, 1995.
김인수, 『獨逸 虛無主義 文學 - 現代抒情的 自我의 樣相 - (프리드리히 니체, 고트프리트 벤)』, 강원대학교 출판부, 1999(개정 3판).
김주연, 『고트프리트 벤 시의 기본구조 연구 -〈절대시〉론을 중심으로 -』, 서울대학교 문학박사 학위논문, 1981.
문병호, 『서정시와 문명 비판』, 문학과지성사, 1995.
박찬일 「기형도 시에 대한 몇 개의 진술」, 『현대 비평과 이론』, 2007, 제14권 제1호 통권 27호.
_____, 「자연주의와 모더니즘 - 홀츠의 이론 및 작품들을 중심으로」, 『독일언어문학』, 제20집(2003. 6.).
_____, 「청년 브레히트와 니체 철학」, 『브레히트 시의 이해』, 연세대학교 출판부, 2004.
_____, 「표현주의」, 『문예사조』, 윤호병 외, 시학, 2007.
송승환, 「메트로폴리스의 꽃들과 말없는 사물들의 언어」, 『문학마당』, 2005, 여름.

유성호, 「'경이와 불안'에서 '우울과 공포'로」, 『침묵의 파문』, 창작과비평사.

정서웅, 「횡경막 아래 아늑한 곳엔 새끼 쥐들의 보금자리」, 『독일문학의 깊이와 아름다움』, 민음사, 2003.

최문규, 『독일 낭만주의』, 연세대학교 출판부, 2005.

홍준기, 「라깡의 주체 개념」, 『현대 비평과 이론』, 1997, 가을 · 겨울.

라바르트, 필립 라쿠/장 뤽 낭시, 「지금 우리에게 낭만주의란 무엇인가」, 박성창 옮김, 『세계의문학』, 2002. 겨울.

릴케, 라이너 마리아, 『말테의 수기』, 김용민 옮김, 책세상, 2000.

마이어, 한스, 「표현주의 문학의 회고적 고찰」, 안삼환 옮김, 『외국문학』, 1984. 여름.

벤야민, 발터, 「보들레르의 몇 가지 모티브에 관해서」 『발터 벤야민의 문예이론』, 반성완 편역, 민음사 1995.

보들레르, 샤를, 『보들레르 시선』, 박은수 옮김, 삼중당, 1995.

______, 「에필로그」, 『파리의 우울』, 윤영애 옮김, 민음사, 1979.

함부르거, 미하엘, 『현대시의 변증법』, 이승욱 옮김, 지식산업사, 1993.

Adorno, Th., *Ästhetische Theorie*, Frankfurt/M. 1981.

Arnold, A., *Die Literatur des Expressionismus*, Stuttgart 1971.

Becher, J. R., *Lyrik, Prosa, Dokumente*, Wiesbaden 1965.

Geißler, R., *Bertolt Brecht: Das biographisch-politische Gedicht*, in: *Interpretationen zur Lyrik Brechts*, hrsg. v. R. Hirschenauer u. A. Weber, München 1971.

Glaser, H./J. Lehmann/A. Lubos, *Wege der deutschen Literatur*, Frankfurt/M. 1986.

Heidsieck, A., *Das Groteske und das Absurde im modernen Drama*, Stuttgart 1969.

Hellpach, W., *Mensch und Volk der Großstadt*, Stuttgart 1939.

Horkheimer, M./Th. Adorno, *Dialektik der Aufklärung*, Frankfurt a. M. 1971.

Heselhaus, C., *Deutsche Lyrik der Moderne*, Düsseldorf 1962.

Johst, Th., *Mechanisierung des Lebens und moderne*

Lyrik, Bonn 1934.

Knopf, J. *Menschenmaterial*, in: *Deutsche Gedichte und ihre Interpretation*, 10 Bde, hrsg. v. M. R.-Ranicki, Frankfurt/M. 1996, Bd. 5.

Lukács, G., *Werke*, Neuwied/Berlin 1969, Bd. 10.

Mahal, G. *Wirklich eine Revolution der Lyrik?* in: H. Scheuer(Hg.), *Naturalismus. Bürgerliche Dichtung und soziales Engagement*, Stuttgart 1974.

Riha, K., "*Dem Bürger fliegt vom spitzen Kopf der Hut*", in: *Gedichte und Interpretation. Vom Naturalismus bis zur Jahrhundertmitte*, Stuttgart 1995.

Ringsum, A. und W. van, *Interpretationen. Lyrik*, München 1991.

Scherer, H., *Bürgerlich-oppositionelle Literaten und sozialdemokratische Arbeiterbewegung nach 1890*, Stuttgart 1974.

Scheuer, H., *Zwischen Sozialismus und Individualismus – Zwischen Marx und Nietzsche*, in: ders.(Hg.), *Naturalismus. Bürgerliche Dichtung und soziales Engagement*, Stuttgart 1974.

Schneider, K. L., *Themen und Tendenzen der expressionistische Lyrik,* in: *Formkräfte der deutschen*

Dichtung vom Barock bis zur Gegenwart, Göttingen 1967.

Schuhmann, K., *Der Lyriker Bertolt Brecht 1913~1933*, München 1974.

Simmel, G., *Die Großstädte und das Geistesleben*, in: ders., *Das Individium und die Freiheit.* Essais, Berlin 1984.

Trommler, F., *Theorien und Programme der literarischen Bewegung*, in: Horst Albert Glaser (Hg.), *Deutsche Literatur. Eine Sozialgeschichte, Bd. 8(Jahrhundertwende: Vom Naturalismus zum Expressionismus. 1880~1918)*, Reinbek bei Hamburg 1982.

Wirsing, S., *Die Autorität*, in: *Deutsche Gedichte und ihre Interpretation*, 10 Bde, hrsg. v. M. R.-Ranicki, Frankfurt/M. 1996, Bd. 6.

Ziegler, J., *Form und Subjektivität. Zur Gedichtsstruktur im frühen Expressionismus*, Bonn 1972.

부록 1

서양 문학과 동양 사상

– 브레히트의 경우 –

Ⅰ. 들어가며

서양문학사에서 '동양 사상' 수용의 가장 알기 쉬운 예는 낭만주의이다. 낭만주의에 접근하는 여러 관점 중의 하나이지만, 낭만주의는 '지금 여기'에 대한 관심이 아닌, '그때 거기'에 대한 관심이기 때문이다. '그때 거기' 중 '거기'에 동양, 혹은 동양 사상이 포함된다. '여기'는 자본주의적 생활 방식이었으므로 '거기'는 비자본주의적 생활 방식이다. 거기[동양]에 대한 관심은 합리주의, 효율주의, 최대 이윤의 법칙에 반대하는 것이다. 다음은 낭만주의 시대의 대표적 이론가 슐레겔F. Schlegel의 말이다.

> 인간은 실로 방자한 분열의 기술과 물질주의에 너무나 깊이 빠져있고, 마침내 거의 기계가 되었다.[1)]

"기술과 물질주의 […] 기계"가 표상하는 것은 다름 아닌 합리주의, 효율주의, 최대 이윤의 법칙들이다. 주목되는 것은 '기술과 물질주의' 앞에 "분열"이라는 에피세트를 붙인 것. 합리주의, 효율주의, 최대 이윤의 법칙들을 분열의 합리주의, 분열의 효율주의, 분열의 최대 이윤의 법칙들이라고 한 것. 쉴레겔은 분열이 아닌 '전체'를 동양적 전통에서, 특히 고대 힌두 문화의 목가적 삶에서 찾았다. 쉴레겔은 힌두 문화에서 '전체적 사유의 회복'의 가능성을 보았다.[2)]

---

1) J. J. 클라크, 『동양은 어떻게 서양을 계몽했는가』, 장세룡 옮김, 우물이 있는 집, 2004, 103면에서 재인용.

2) "인도에는 모든 언어와, 인간 정신의 모든 사고와 발화의 진정한 원천이 존재한다. 모든 것, 그렇다. 진정 모든 것은 그 기원이 인도에 있다 […] 그리고 모든 지적 발전의 최우선적 원천, 다시 말해 인간의 모든 문화는 의심할 여지없이 동양

그러나 서양문학사에서 동양 사상의 본격적 수용은 19세기 후반으로 내려간다. 이때부터 동양의 여러 정전들이 서양어로 번역되기 시작했기 때문이다.

19세기 말 서양의 시민계급은 '흥기'할 때와 달리 더 이상 '휴머니즘 이상'에 매달리지 않았다. 시민계급은 부르주아화 되었거나 소시민화 되었다. 시민적 작가 역시 "단지 수동적 관찰자의 역할"(루카치)[3]만 하거나(자연주의), 역사와 거리를 두었다(유미주의). 뷔르거는 19세기 중엽 이래로 예술의 발전은 내용보다 형식에 유리한 쪽으로 전개되었다면서 그 이유를

의 전통에서 발견된다." 역시 쉴레겔의 말이다. 위의 곳에서 재인용; 이점에서 주목되는 책이 『생각의 지도』이다. 저자 니스벳은 동양과 서양의 차이를 '세상을 관계로 파악'/'세상을 범주로 파악', 종합적 사고/분석적 사고, 상호의존성/독립성, 장의존성field-dependence/장독립성field-independence, 고맥락high context사회/저맥락low context사회 등의 용어로 설명하고 있다. 리처드 니스벳, 『생각의 지도』, 최인철 옮김, 김영사, 2004.

3) P. Bürger, *Einleitung: Naturalismus und Ästhetizismus als rivalisierende Institutionalisierungen der Literatur*, in: Ch. Bürger/P. Bürger/J. Schulte-Sasse (Hg.), *Naturalismus/Ästhetizismus*, Frankfurt/M. 1979, 16면에서 재인용.

봉건계급 및 국가와 타협한 시민계급의 위상에서 찾았다.[4] 문학 예술의 이러한 '쇠퇴', 혹은 '고갈'의 징후는 동양 사상에 대한 관심으로 이어졌다. 중국 고전에 대한 번역이 이때부터 본격적으로 이루어지기 시작했다. 1883년 공자의 『시경』이 뤽케르트F. Rueckert에 의해 번역되었고, 이후 중국 선교사 출신인 빌헬름R. Wilhelm에 의해 노자의 『도덕경』(1911), 공자의 『논어』(1914), 맹자의 『맹자』(1916), 장자의 『남화진경』(1923)이 번역되었다. 빌헬름은 또한 『공자의 생애』(1925), 『노자와 도교』(1925)를 저술하였다.[5]

1920년대 중국과 인도에 대한 관심은 절정에 도달하였다. 브레히트(1898-1956)도 예외가 아니었다. '동양'은 그의 작품 여러 곳에서 '구체화' 되었다. 본고에서는 브레히트의 여러 시편들, 특히 「노자가 망명 가던 길에 도덕경을 써준 전설Legende von der Entstehung des Buches Taoteking auf dem Weg des

4) P. Bürger, *Theorie der Avangarde*, Frankfurt/M. 1981, 25면 참조.

5) 주경민, 「브레히트와 공자」, 『브레히트와 현대연극』, 제10집, 2002, 309-310면 참조.

Laotse in die Emigration」(1938, 이하 「전설」로 줄임), 「쇠Eisen」(1953), 「몰다우의 노래Lied von der Moldau」(1943) 들을 중심으로 브레히트의 동양 사상 수용 양상에 대해 고찰해보려고 한다.

Ⅱ. 브레히트의 '사용가치'의 예술관

브레히트와 동양 사상의 관계에서 우선 주목해야 할 것은 공자 사상의 '사용가치'에 대한 브레히트의 언급이다.

> 공자의 태도는 외면상 매우 쉽게 이해될 수 있으면서 또한 놀랄 정도로 사용가치가 있는 것이다.[6)]

"사용가치"는 브레히트의 일관된 문학론이기 때문이

---

6) B. Brecht, *Werke in 30 Bdn*, hrsg. v. W. Hecht u. a., Frankfurt/M. 1988-2000, Bd. 21, 369면; 「공자의 여행에 관한 책」에서는 "중국의 위대한 현인 공자는 […] 여행술에 관한 한 권의 책을 저술하였다. […] 이 책은 오늘날까지 그 내용이 매우 유익하기에 널리 읽혀진다."라고 하였다. "유익"은 '사용가치'와 지근의 관계에 있다. 같은 곳, Bd. 19, 205면 참조.

다. 공자는 상아탑 속의 인물이 아니었다는 점에서, 현실 정치에 그의 사상을 구현하려고 한 인물이었다는 점에서, 현실과 유리된 '제2의 세계'를 창조하는 것을 반대한, '제1의 세계'에서 사용할 수 있는 문학을 일관되게 강조한, 브레히트의 주의를 끌었던 것으로 보인다.[7]

---

7) 중국의 미학은 『초서』로 대변되는 남방 문학의 미학과 『시경』으로 대변되는 북방 유가 문학의 미학으로 나눌 수 있다. 전자는 낭만주의 미학이고, 후자는 이성주의 미학이다. 『초서』는 "유가의 미학처럼 인륜과 일상에 기반을 둔 이성에 의거하여 상상과 정감을 틀 속에 가두지 않는다"(장석원, 「새로움과 시」, 『현대시』, 2005. 7, 56면 참조). 남방 문학을 대변하는 『초서』의 대표작인 굴원의 「이소」에 대해 유협은 그의 유명한 『문심조룡』에서 다음과 같이 말했다. "유명한 낭만주의적 시편인 「이소」는 굴원의 풍부한 상상과 환상으로 아주 풍성한 결실을 보여주었다"(『문심조룡』, 최동호 역편, 민음사, 1994, 335면). 유가의 이성주의 미학은 다른 말로 하면 실용성을 중시하는 실용주의 미학이라고 할 수 있다. 실용주의 미학은 브레히트의 사용가치의 미학과 다르지 않다. 브레히트는 '공자'에서, 그리고 '노자'에서, 자신의 사용가치의 미학을 발견하였다. 미리 얘기하자면 브레히트의 「전설」 및 「쇠」들은 '브레히트의 예술관과 '노자'의 행복한 일치'의 구체화였다. 본 논문 제Ⅳ장 참조.

브레히트는 로댕도 그의 조각 「칼레의 시민들」을 장터 광장에 설치하기를 원했다고 했다. 조각품의 받침대를 낮추어 칼레의 시민들 틈에 섞여 있기를 원했다는 것이다. 6명의 칼레의 시민들의 고귀한 희생정신이 사람들에게 '쓰여지기'를 원했다는 것이다.[8)]

브레히트의 사용가치에 대한 강조는 시 낭송에 대한 태도에서도 나타난다. 브레히트는 시가 원래 "비사교적 요소들"이기 때문에 주석이 필요하다고 하였다. 주석이 시와 청자 사이에 거리Distanz를 만들어 청자로 하여금 비판적으로 성찰하게 하기 때문이다. 요컨대 '생소화효과'를 낳기 때문이다.[9)]

첫 번째 시집 『가정기도서Hauspostille』(1927)에서도 브레히트는 시의 사용가치를 강조하였다. '사용지침서'('머리말'이 아니라 사용지침서였다)에서 브레히트는 "이 가정기도서는 독자의 사용을 목적으로 한다"고 명백히 밝히고 있다. 예를 들어 넷째 課(課

---

8) B. Brecht, *Werke in 20 Bdn*, Frankfurt/M. 1967, Bd. 18, 9-10면 참조.

9) B. Brecht, *Arbeitsjournal in 2 Bdn*, hrsg. v. W. Hecht, Frankfurt/M. 1973, Bd. 1, 252면 참조.

라고 한 것 자체가 교술적 의미를 지닌다)의 시편들은 –『가정기도서』는 5課로 구성되어 있다 – “호주머니가 두둑해졌을 때, 육욕에 휩싸일 때, 방자한 기분에 사로잡힐 때 […] 소리와 감정을 최대한 발휘해서” 낭송하는 것이 좋다고 하였다.[10)]

북구 망명시절의『스벤보르 시편Svenborger Gedichte』(1939)에서도 시의 ‘사용 가치’를 노골적으로 강조하고 있다. 다음은『스벤보르 시편』의 모토이다.

> 덴마크의 초가집 지붕 밑으로 도망 왔지만, 친구들이여,
> 나는 그대들의 투쟁을 좇아갈 것이라네. 예전에 그랬듯이
> 여기 그대들에게 시를 보내네. 해협 너머 수풀 너머 보이는
> 피투성이 얼굴들. 나는 그 얼굴들에 쫓기고 있네.
> 몇 편이 그대들 손에 들어가든, 조심해서 사용하시오!

“그대들”이라 함은 국내에 남아 있는 ‘시’의 수신자

---

10) B. Brecht, *Hauspostille. Mit Anleitungen, Gesangsnoten und einem Anhange*, Berlin 1993, 7-9면 참조.

이다. 이 시집의 수신자이다. 수신자들에게 "사용하" 라고 부탁하고 있는 것이다. '조심해서 사용하라'라고 한 것은 독일은 파시즘이 지배하고 있었고, 브레히트의 시들이 파시즘과의 투쟁을 촉구했기 때문이다.[11)]

III. 노자의『도덕경』과 브레히트의「전설」

브레히트는 1925년「예의 바른 중국인들Die höflichen Chinesen」에서 노자의『도덕경』의 발생사를 소개하였다.[12)]

> 노자는 젊었을 때부터 중국인들에게 세상사는 법을 가르치다가 말년에 나라를 떠났다. 사람들의 어리

11) 브레히트의 '사용가치'에 대한 것은 박찬일,『브레히트 시의 이해』, 연세대학교 출판부, 2004, 18-21면 참조.

12) 브레히트와 노자의 최초의 접촉은 1920년 9월에 있었던 것으로 보인다. 브레히트는 이때의 일기에 친구가 "나에게 노자를 보여주었는데" "그는[노자는] 나와 아주 잘 맞는 인물"이라고 적었다. B. Brecht, *Werke in 30 Bdn*, 앞의 곳, Bd. 26, 168면.

> 석음이 심해져서 현인이 살기가 어려워졌기 때문이다. 노자는 사람들의 어리석음을 그냥 참고 견딜 것인지, 아니면 어떤 대응책을 마련할 것인지 주저하다가 결국 나라를 떠나기로 결심하였다. 그런데 국경의 한 세관원이 노자에게 세관원 자신을 위해 가르침을 적어달라고 청했고, 노자는 무례함을 범하지 않으려고 그의 청을 받아들였다. 이렇게 중국인들은 『도덕경』의 발생을 설명하고 있다. 그리고 지금까지 이것의 가르침에 따라 살고 있다.[13)]

사마천이 『사기』에 기록한 『도덕경』의 발생사에 '브레히트의 목소리'가 첨가되었다. 엄밀하게 말하면 빌헬름의 목소리도 들어가 있다. 빌헬름이 번역본 『도덕경』의 서문에서 밝힌 『도덕경』의 발생사를[14)] 브레히트가 읽고 쓴 것이기 때문이다. 「예의 바른 중국인들」에는 『도덕경』의 발생사에 대한 '세 개의 목소리'가 들어가 있는 셈이다.

인용문에서 주목되는 것은 특히 맨 끝에서 "그리고

13) 앞의 곳, Bd. 19. 200면.

14) Laotse, *Taoteking*, Übersetzt und mit einem Kommentar von R. Wilhelm, München 2004(Jena 1911), 11면.

지금까지 이것의 가르침에 따라 살고 있다."라고 한 것이다. 이것은 사마천의 『사기』에도, 빌헬름의 『도덕경』 서문에도 없는, 사마천 및 빌헬름과 무관한, 브레히트만의 목소리이다. 이것은 '『도덕경』의 발생사'에 덧붙인 브레히트의 자의적 표명이지만 브레히트의 사용가치의 예술관과 밀접한 관련을 갖는다. 브레히트는 자기의 독자들도 중국인들처럼 『도덕경』의 발생사가 함축하고 있는 가르침에 따라 살라고 간접적으로 요청한 것으로 보인다.

1923년 드라마 「밀림 속에서Im Dickicht」에서 브레히트는 등장인물 가르가Garga를 통해 "물이 산맥 전체에 도달하리라는 것을 알고 있지."라고 말한다. 1927년 「밀림 속에서」의 개정판 「도시의 밀림 속에서 Im Dickicht der Städte」에서 이 구절은 "나는 연약한 물이 산맥 전체에 도달하리라는 것을 책에서 읽었지." 라는 말로 구체화된다. '책'은 "온 세상에서 물보다 더 부드럽고 물보다 더 약한 것은 없다."라고 시작하는 『도덕경』 78장을 상기시킨다. 빌헬름 번역의 『도덕경』 78장은 다음과 같이 이어진다.

약한 것이 강한 것을 이기고
부드러운 것이 딱딱한 것을 이긴다는 것을
지상의 모든 사람들은 알고 있다.
하지만 아무도 이 법칙에 따라 행동하지 못한다.[15]

노자의 『도덕경』과의 관계에서 무엇보다도 주목해야 할 작품들이 「전설」, 「쇠」, 「몰다우의 노래」이다. 브레히트는 노자가 "아무도 이 법칙에 따라 행동하지 못한다."라고 함으로써 '누구나 이 법칙에 따라 행동했으면 좋겠다.'는 메시지를 전달한 것처럼 「전설」, 「쇠」, 「몰다우의 노래」 들을 통해 몇 개의 메시지를 전달하고 있다. '메시지 전달'은 물론 '메시지 사용'이 목적이다. 다음은 「전설」 전문.

---

15) 위의 곳. 121면; "아무도 이 법칙에 따라 행동하지 못한다." 라고 한 것은 '누구나 이 법칙에 따라 행동했으면 좋겠다.' 라고 한 것이다. 역시 브레히트의 '사용가치의 예술관'과 크게 다르지 않다. 브레히트의 '사용가치의 예술'의 목표는 '인식의 변화'이다. 인식의 변화가 "행동"의 변화를 낳는다.

1

노자가 일흔이 되고 몸이 쇠약해졌을 때
쉬고 싶은 욕구가 일었다.
나라에 善이 다시금 약화된 것도 이유였다.
악이 다시금 기승을 부리고 있었다.
노자는 신발 끈을 묶었다.

2

노자는 필요한 짐을 꾸렸다.
조금이었지만 그래도 몇 가지는 되었다.
저녁이면 피우던 파이프
항상 읽던 책자
어림잡아 흰 빵 조금.

3

계곡이 다시금 노자를 기쁘게 했다.
산길로 접어들었을 때 노자는 모든 걸 잊었다.
노자를 태우고 가는 소는 신선한 풀을
씹으며 좋아했다.
충분히 빠른 것도 좋아하는 이유였다.

4

넷째 날 큰 바위덩이에 이르렀을 때
한 남자 세관원이 노자의 길을 막았다:
"세금을 낼만한 비싼 물건이 있소?" - "없소"
소를 끄는 동자는 "이 분은 가르치는 사람이오"
라며
노자가 누구인지 알려주었다.

5

세관원은 가볍게 움직이며 동자에게 질문했다:
"그가 무엇을 가르쳤소?"
"움직이는 부드러운 물이 시간이 지남에 따라
강력한 돌을 이긴다는 것,
그대는 단단한 것이 진다는 것을 아시는지"

6

빛이 있을 때 조금이라도 더 가려고
동자는 소를 재촉했다.
셋이 검은 숲을 돌아갈 무렵
예의 우리의 세관원이 갑자기 나타나
"헤이, 멈추시오!"라고 외쳤다.

7

"노인장, 물이 어떻다구요?"
노자는 멈추었고, "관심이 있소?"라고 물었다.
사내는 "나는 세관원에 불과하지만
누가 누구를 이기는 것에 대해서 관심이 있소.
그것을 안다면 말해주시구려.

8

적어주시구려, 동자가 받아 적게 하면 되지요.
그런 것은 혼자만 알고 있으면 안 돼요.
우리 집에 종이와 잉크가 있습니다.
밤참도 내 놀 수 있지요. 나는 저기 살아요.
그렇게 하시겠습니까?"

9

노자는 어깨 너머로 그 사내를 보았다.
누더기 차림이었고 맨발이었다.
이마에는 주름살 하나가 접혀 있었다.
아, 노자 앞에 있는 자는 승리자가 아니었다.
노자는 중얼대었다: "너도?"

10

공손한 부탁을 거절하기에는 노자는
너무 늙어 보였다,
노자는 크게 말했다: “묻는 자는 대답을 얻기
마련이지.” 소년도 말했다: “벌써 추워졌습니다.”
“좋다, 잠깐 머물기로 하자.”

11

현자는 소에서 내려와서
이레 동안 동자와 함께 글을 썼다.
세관원은 먹을 것을 가져왔다. (세관원은 이 동안만
은 낮은 목소리로 밀수꾼들과 욕을 해댔다.)
그렇게 일이 진척되었다.

12

드디어 어느 날 아침 동자가 세관원에게
여든 한 개의 경구를 건네었다.
약간의 노잣돈에 감사하며
노자와 동자는 숲을 돌아 암벽을 향해 갔다.
말해 보라: 이보다 더 공손할 수 있을까.

13

그러나 우리는 그 이름이 책 표지에서 휘황하게
빛나는 현자만을 기리지 않는다.
현자에게서 지혜를 뺏어내야 하기 때문이다.
노자에게 지혜를 간청한
세관원에게도 감사해야 한다.

1

Als er siebzig war und war gebrechlich
Drängte es den Lehrer doch nach Ruh
Denn die Weisheit war im Lande wieder einmal schwächlich
Und die Bosheit nahm an Kräften wieder einmal zu.
Und er gürtete den Schuh.

2

Und er packte ein, was er so brauchte:
Wenig. Doch es wurde dies und das.
So die Pfeife, die er abends immer rauchte
Und das Büchlein, das er immer las.
Weißbrot nach dem Augenmaß.

3

Freute sich des Tals noch einmal und vergaß es
als er ins Gebirg den Weg einschlug.
Und sein Ochse freute sich des frischen Grases
Kauend, während er den Alten trug.
Denn dem ging es schnell genug.

4

Doch am vierten Tag im Felsgesteine
Hat ein Zöllner ihm den Weg verwehrt:
"Kostbarkeiten zu verzollen?" – "Keine."
Und der Knabe, der den Ochsen führte, sprach: "Er
hat gelehrt."
Und so war auch das erklärt.

5

Doch der Mann in einer heitren Regung
Fragte noch: "Hat er was rausgekriegt?"
Sprach der Knabe: "Daß das weiche Wasser in
Bewegung
Mit der Zeit den mächtigen Stein besiegt.
Du verstehst, das Harte unterliegt."

6

Daß er nicht das letzte Tageslicht verlöre
Trieb der Knabe nun den Ochsen an.
Und die drei verschwanden schon um eine schwarze Föhre
Da kam plötzlich Fahrt in unsern Mann
Und er schrie: "He, du! Halt an!

7

Was ist das mit diesem Wasser, Alter?"
Hielt der Alte: "Interessiert es dich?"
Sprach dem Mann: "Ich bin nur Zollverwalter
Doch wer wen besiegt, das interessiert auch mich.
Wenn du's weißt, dann sprich!

8

Schreib mir's auf. Diktier es diesem Kinde!
So was nimmt man doch nicht mit sich fort.
Da gibt's doch Papier bei uns und Tinte
Und ein Nachtmahl gibt es auch: ich wohne dort.
Nun, ist das ein Wort?"

9

Über seine Schulter sah der Alte
Auf den Mann: Flickjoppe. Keine Schuh.
Und die Stirne eine einzige Falte.
Ach, kein Sieger trat da auf ihn zu.
Und er murmelte: "Auch du?"

10

Eine höfliche Bitte abzuschlagen
War der Alte, wie es schien, zu alt.
Denn er sagte laut: "Die etwas fragen
Die verdienen Antwort." Sprach der Knabe: "Es wird auch schon kalt."
"Gut, ein kleiner Aufenthalt."

11

Und von seinem Ochsen stieg der Weise
Sieben Tage schrieben sie zu zweit.
Und der Zöllner brachte Essen (und er fluchte nur noch leise
Mit den Schmugglern in der ganzen Zeit).
Und dann war's soweit.

12

Und dem Zöllner händigte der Knabe
Eines Morgens einundachtzig Sprüche ein
Und mit Dank für eine kleine Reisegabe
Bogen sie um jene Föhre ins Gestein.
Sagt jetzt: kann man höflicher sein?

13

Aber rühmen wir nicht nur den Weisen
Dessen Name auf dem Büchlein prangt!
Denn man muß dem Weisen seine Weisheit erst entreißen.
Darum sei der Zöllner auch bedankt:
Er hat sie ihm abverlangt.

IV. 브레히트의 '노자' 수용 양상

브레히트가 '『도덕경』의 발생사'를 자의적으로 재구성했다는 점이 부인될 수는 없다. 그러나 더욱 중요한 것은 『도덕경』의 발생사가 브레히트로 하여금 시적 충동을 느끼게 하고 시를 쓰게 하였다는 점이다.

브레히트는 『도덕경』의 발생사에서, 특히 '세관원'의 요청에 의해 『도덕경』이 성립되었다는 역사적 사실에서, 자신의 세계관 및 예술관과 부합되는 면을 찾아내었고, 그리고 이를 시로 형상화하였다. 브레히트는 『도덕경』의 발생사가 자신의 '사용가치의 예술관' 및 '변혁의 예술관'과 다르지 않다고 보았다.

'브레히트의 세계관 및 예술관'과 '『도덕경』의 발생사' 둘 다가 「전설」을 쓰게 했다고 말할 수 있다. 「전설」의 분석은 그러므로 브레히트의 세계관 및 예술관에 대한 이해이면서 동시에 브레히트의 '『도덕경』 발생사'에 대한 이해이다. 브레히트의 세계관 및 예술관에 대한 이해를 통해 브레히트의 '『도덕경』 발생사'에 대한 이해에 도달할 수 있다. 브레히트의 세계관 및 예술관과 '『도덕경』의 발생사'의 행복한 일치를 말할 수 있다. 물론 『도덕경』의 발생사만 「전설」의 재료로 쓰인 것은 아니다. 『도덕경』의 78장의 내용 또한 「전설」의 재료로 쓰였다. 여기에서도 브레히트의 세계관 및 예술관과 『도덕경』의 행복한 일치를 말할 수 있다. 브레히트의 세계관 및 예술관에 대한 이해를 통해 브레히트의 『도덕경』 이해에 도달할 수 있다.

「전설」은 1939년 런던의 말릭 출판사에서 간행된 시집 『스벤보르 시편』 '연대기'편에 실렸다. 『스벤보르 시편』은 브레히트가 1933년에서 1939년 사이 덴마크의 스벤보르에서 망명해 있을 때 쓴 시들을 모은 것. 「전설」은 망명 시절의 시였다. 브레히트가 망명을 떠난 것처럼 노자 또한 망명을 떠나는 것으로 시는 시작하고 있다.

브레히트의 '『도덕경』 발생사'의 수용 및 『도덕경』 수용은 그의 세계관 및 예술관과 밀접한 관련이 있지만, 브레히트가 처한 역사적 상황과도 밀접한 관련이 있다. 먼저 역사적 상황에 대한 고찰이다.

1. '브레히트' 의 역사적 상황 – 브레히트의 '노자' 수용 양상 (1)

'역사적 상황'과의 관련은 1. 연에서 표출되고 있다.

> 노자가 일흔이 되고 몸이 쇠약해졌을 때
> 쉬고 싶은 욕구가 일었다.

나라에 善이 다시금 약화된 것도 이유였다.
악이 다시금 기승을 부리고 있었다.
노자는 신발 끈을 묶었다.

브레히트가 파시즘을 피해 망명을 떠난 것처럼 노자가 "악"으로부터 망명을 떠나고 있다. 노자가 "신발 끈을 묶었다"고 한 것은 브레히트가 같은 시집에 실린 「후손들에게An die Nachgeborenen」에서 "신발보다 더 자주 나라를 바꾸어가며" 망명 생활을 했다고 한 말을 상기시킨다. 물론 노자의 망명이 브레히트의 경우와 완전히 동일시된 것은 아니다. 노자가 망명하는 이유에는 "쉬고 싶은 욕구"도 포함되어 있다.

역사적 상황과의 관련에서 1. 연은 또 다른 중요한 의미를 내포하고 있다. 어려운 역사적 상황으로부터의 도망(혹은 망명)은 다른 말로 하면 어려운 역사적 상황으로부터의 '살아남음'이다. 브레히트에게 '살아남음'은 매우 중요한 화두였다. 노자의 망명 또한 살아남으려는 의지의 구체화로 볼 수 있다.

브레히트는 산문 「폭력에 대한 조치Maßnahme gegen die Gewalt」(1930)에서 살아남음이 중요하다고 하였다. 압제의 시대에 '폭력'이 에게씨에게 "나에게 시중들겠느냐"고 묻자 에게씨는 대답하지 않고 시중을 든다. 폭력이 죽을 때까지 7년 동안 시중을 든다. 폭력이 죽고 나서 비로소 "아니오"라고 대답한다. 폭력에 즉각적으로 맞서는 것은, 즉 즉각적으로 "아니오"라고 대답하는 것은, 죽음을 의미했기 때문이다. 죽으면 아무 소용이 없기 때문이다. 7년 동안 에게씨가 한 일은 폭력이 많이 먹게 하고 많이 잠자게 하는 일이었다. 살찌게 하는 일이었다. 폭력의 수명을 단축시키는 일이었다. 에게씨가 살아남지 않았다면 폭력의 수명을 단축시킬 수 없었을 것이다.[16)]

드라마『갈릴레이의 생애Leben des Galilei』의 초판본 덴마크판(1939)에서도 브레히트는 갈릴레이의 학설 철회를 옹호하는 입장을 취하고 있다. 살아남아 연구를 계속할 수 있었기 때문이다. 역사 발전에 도움을 줄 수 있었기 때문이다.[17)] 브레히트는「진실을 쓰는

---

16) B. Brecht, *Werke in 20 Bdn*, 앞의 곳, Bd. 12, 375-376면 참조.

17) H. Hultberg, *Brecht in dänischen Zeitungen*, in: ders., *Die ästhetischen Anschauungen Bertolt Brechts*, Kopenhagen 1962, 205면 참조.

데 있어서의 다섯 가지 어려움Fünf Schwierigkeiten beim Schreiben der Wahrheit」(1940)에서 "진실을 유포시키기 위해서 속임수가 필요하다."[18]고 하였다. 『갈릴레이의 생애』의 갈릴레이 경우처럼 가짜로 학설을 철회할 수도 있다는 것이다.[19]

이와 관련해 힝크는 망명기의 브레히트에게 무엇보다도 필요했던 것은 '현명'이었다고 하고 있다. 동양의 철학자 노자를 통해 '현명'을 배우려고 했다고 하고 있다.

> 나도 현명해지고 싶다.
> 옛날 책에는 무엇이 현명한지 써있다.
> […]
> 나는 정말 어두운 시대에 살고 있도다!
>
> — 「후손들에게」 부분

---

18) B. Brecht, *Werke in 20 Bdn*, 앞의 곳, Bd. 18, 238면.

19) '살아남는 지혜Weisheit des Überlebens'에 관한 것은 박찬일, 『브레히트 시의 이해』, 연세대학교출판부, 99-101면 참조.

현명의 목록에 '망명' 및 '살아남는 지혜'가 포함되어 있다고 보는 것이다. 노자는 브레히트의 "소망이 투사된 인물Wunschprojektion", 그렇게 되기를 바라는 인물이었다.[20]

2. 브레히트의 세계관 및 예술관 - 브레히트의 '노자' 수용 양상 (2)

「전설」과 관련하여 '노자'와 '브레히트의 세계관 및 예술관'의 행복한 일치를 말할 수 있다. 브레히트는 '『도덕경』의 발생사' 및 『도덕경』에서 마르크스주의를 보았다. 정확히 말하면 '『도덕경』의 발생사' 및 『도덕경』 일부의 마르크스주의적 수용이었다.

① 민중성(혹은 민중 연대)

브레히트의 리얼리즘론에서 중요한 것이 민중성 Volkstümlichkeit의 개념이다.[21] 브레히트의 인민전선

---

20) W. Hinck, *Der Weise und der Wissbegierige*, in: *Interpretationen. Gedichte von Bertolt Brecht*, hrsg. v. J. Knopf, Stuttgart 1995, 133면.

은 노동자 계급, 하류 중산층, 농민, 그리고 지식인들의 동맹이었다. 브레히트에 의하면 지식인의 역할은 민중의 관점과 민중의 표현형식을 받아들여 이를 확정짓는 일이다. 브레히트의 말을 직접 들어보자.

> 민중성: 많은 대중들에게 이해되는 일, 그들의 표현 형식을 수용하고 풍요하게 하는 일, 그들의 관점을 인정하고 확정짓고 수정하는 일. 가장 진보적인 민중을 대변하여 그들이 헤게모니를 잡을 수 있도록 하고 다른 민중들도 이들을 이해할 수 있도록 하는 일.[22)]

다시 말해 브레히트의 민중적 지식인이란 "오랫동안 정치의 객체였지만 이제는 정치의 주체가 되어야 할 생산자 대중"을 위한 존재를 말한다. "투쟁하는 민중"을 위한 투쟁하는 지식인을 말한다.[23)]

---

21) 민중성(혹은 민중 연대)은 '사회주의적 리얼리즘'에서도 반영론, 당파성과 함께 가장 중요한 요소였다. 박찬일, 「자연주의논쟁 연구」, 연세대학교 독문학과 박사학위논문, 1994, 91면 참조.

22) B. Brecht, *Über Realismus*, Frankfurt/M. 1971, 69면.

브레히트의 민중성 개념은 그러므로 사르트르의 '고전적' 지식인론과 무관하지 않다. 사르트르에 의하면 지식인이란 실용적 지식을 추구하는 전문가이면서도 지배계급의 이데올로기와 자신의 보편주의적 지식 사이의 모순 관계를 파악하고 가장 혜택 받지 못한 계급의 관점에서 이 모순을 해소하기 위해 자기 몸을 바치는 자들이다.[24)]

「전설」에 나타난 민중성은 첫째, '민중 그 자체'로서의 노자의 모습이다.

> 노자는 필요한 짐을 꾸렸다.
> 조금이었지만 그래도 몇 가지는 되었다.
> 저녁이면 피우던 파이프
> 항상 읽던 소책자
> 어림잡아 흰 빵 조금.(2. 연)

"필요한 짐"이 "파이프", "소책자", "흰 빵 조금"밖에 없다고 한 것, 세관에 "세금을 낼 만한 비싼 물건이

---

23) 위의 곳 참조.

24) 사르트르, 『知識人을 위한 변명』, 조영훈 옮김, 한마당, 55-65쪽 참조. 특히 61면 참조.

[…] 없"(4. 연)다고 한 것, "소"가 "충분히" 빨리 갈 수 있을 만큼(3. 연) 몸이 가볍다고 한 것들이 '민중 그 자체로서의 노자'에 대한 알레고리이다. 물론 '민중 그 자체로서의 노자'를 강조할 수 있고 '검박한 노자'를 강조할 수 있다. 브레히트는 물론 민중 그 자체로서의 노자를 강조하려고 한 것으로 보인다. '노자'라는 텍스트를 브레히트 자신의 논리 전개를 위해 활용하였다고 할 수 있다. '세관원'도 물론 민중성을 대변한다. 그는 "누더기 차림이었고 맨발이었다."(9. 연) 누더기 차림이었고 맨발인 세관원을 보고 노자가 "너도?"라고 한 것은 '너는 나와 같다'고 한 것이다. 같은 '민중'이라고 한 것이다. 시적 화자의 말을 빌면 마찬가지로 "승리자가 아니"라고 한 것이다.[25)]

---

25) 브레히트는 같은 시집에 실린 「책 읽는 노동자의 질문 Fragen eines lesenden Arbeiters」(1939)에서 의식화된 노동자의 시선을 통해 역사상의 위대한 인물들을 흔들고 있다. 역사는 지배자의 역사가 아닌, 민중의 역사라는 점을 암시하고 있다. "젊은 알렉산더는 인도를 정복했다./ 혼자서 했을까?/ 시저는 갈리아를 무찔렀다./ 그가 적어도 요리사 하나쯤은 데리고 있지 않았을까?/ 스페인의 필립 왕은 그의 함대가 몰락했을 때/ 울었다. 필립 왕만 울었을까?/ 프리드리히

「전설」에 나타난 민중성은 둘째, 노자와 동자, 그리고 세관원의 협동(혹은 連帶)이다. 『도덕경』은 노자와 동자, 그리고 세관원의 협동을 통해 성립되고 있다. 7. 연과 8. 연을 보자.

"노인장, 물이 어떻다구요?"
노자는 멈추었고, "관심이 있소?"라고 물었다.
사내는 "나는 세관원에 불과하지만
누가 누구를 이기는 것에 대해서 관심이 있소.
그것을 안다면 말해주시구려.

적어주시구려, 동자가 받아 적게 하면 되지요.
그런 것은 혼자만 알고 있으면 안 돼요.
우리 집에 종이와 잉크가 있습니다.
밤참도 내 놀 수 있지요. 나는 저기 살아요.
그렇게 하시겠습니까?"

대왕은 7년 전쟁에서 승리했다. 그 말고/ 승리한 자는 없었을까?// 책의 모든 페이지마다 승리가 나온다./ 승리의 향연은 누가 차렸는가?/ 십 년마다 위대한 자가 나온다./ 거기에 드는 비용은 누가 대었는가?// 수많은 보고들./ 수많은 의문들." 젊은 알렉산더, 시저, 필립 왕, 프리드리히 대왕 등 이른바 승리자들이 역사의 주체가 아니라고 한 것.

『도덕경』이 세관원의 요청에 의해 만들어졌다는 것이 강조되고 있다. 나아가 『도덕경』이 구술하는 노자, "받아 적"는 동자, "종이와 잉크 […] 밤참"을 제공하는 세관원의 합작품이라는 것이 강조되고 있다.[26] 그리고 『도덕경』이 노자와 동자, 그리고 세관원의 합작품이라는 것은 『도덕경』이 누구나 이해할 수 있는 민중의 언어로 쓰여졌다고 하는 것이다. 이것은 "많은 대중들에게 이해되"며, "그들의 표현 형식을 수용하고 풍요하게 하는 일"[27]을 민중성으로 정의한 브레히트의 예술관과 부합한다.

---

26) 마지막 연에서 특히 브레히트는『도덕경』의 성립에 노자뿐만 아니라, 세관원도 중요한 역할을 했다는 것을 명시적으로 밝히고 있다. "그러나 우리는 그 이름이 책 표지에서 휘황하게/ 빛나는 현자만을 기리지 않는다./ 현자에게서 지혜를 뺏어내야 하기 때문이다.// 노자에게 지혜를 간청한/ 세관원에게도 감사해야 한다."; 힝크는 이와 관련하여 세관원의 '지식욕'에 주목하고, 세관원의 지식욕이『도덕경』성립에 중요한 역할을 하였다고 하였다(W. Hinck, 앞의 곳, 136면). 세관원의 지식욕은 두 번 구체화되어 나타난다. "그가 무엇을 가르쳤소?"(5. 연)가 첫 번째 구체화이고, "노인장, 물이 어떻다구요?"(7. 연)가 두 번째 구체화이다.

27) 각주 22) 참조.

브레히트의 민중성을, 혹은 노자[지식인]의 민중성을, 벤야민은 '친절'이라는 개념으로 설명하고 있다. '친절' 때문에 노자의 『도덕경』이 성립되었다고 보고 있다. 세관원의 요청에 응한 노자의 친절한 자세 때문에 노자의 『도덕경』이 성립되었다고 보고 있다.

> 브레히트는 친절을 매우 높게 평가한다. 브레히트가 서술하고 있는 이 '전설'을 좀 더 주목해보면, 한편에 노자의 현명이 있다. […] 이 현명이 그로 하여금 막 망명을 떠나게 하고 있다. 다른 한편에 마지막 연에서 그의 덕분이라고 거론된 세관원의 지식욕이 있다. 그럴 것이 세관원의 지식욕이 현자로부터 현명을 빼앗도록 했기 때문이다. 그렇다 하더라도 제3의 요소가 없었다면 『도덕경』은 태어나지 못했을 것이다. 바로 '친절'이다. 『도덕경』의 내용이 친절이라고 하는 것은 온당하지 않지만, - '전설'에 기대어 - 『도덕경』이 성립된 것이 친절한 정신 덕분이라고 주장하는 것은 온당하다.[28]

---

28) W. Benjamin, *Gesammelte Schriften in 7 Bänden*, Frankfurt/M. 1989, Bd. Ⅱ-2, 570면.

친절한 자세는 물론 세관원에게도 해당된다. 세관원은 잉크와 종이를 마련해주고, 밤참을 제공하였고, 무엇보다도, 노자의 일을 방해하지 않으려고 목소리를 낮추고 업무를 보았다.

세관원은 이 동안만은
낮은 목소리로 밀수꾼들과 욕을 해댔다.(11. 연)

노자와 동자가 떠날 때는 "약간의 노잣돈"을 마련해주는 것을 잊지 않았다(12. 연).

공손과 친절은 인근의 관계에 있다. 시에서 '공손'은 두 번 나온다. 10. 연의 첫머리에 나오는 "공손한 부탁을 거절하기에는 노자는/ 너무 늙어 보였다"에서 '공손'은 세관원의 공손을 말한 것이고, 12. 연의 끝에서 "이보다 더 공손할 수 있을까"라는 서사적 자아의 개입의 말에서 '공손'은 노자의 공손을 말한 것이다.

이승진은 '친절'을 "개인적인 미덕을 서로 연결시켜 사회적인 미덕으로 승화시키는 자세와 행동"이라고 정의하였다.[29] 이것이 타당한 것은 브레히트의 예

---

29) 이승진, 「친절한 세상을 위한 브레히트의 "불친절한 시"」, 『독일어문학』 제22집, 11권 3호, 2003, 101면.

술관이 개인적 미덕이 아닌 사회적 미덕과 관계있기 때문이다. 브레히트의 예술은 민중을 변화시키고, 나아가 세계를 변화시키는 것이 목표이기 때문이다.[30][31] 「전설」에서 '친절'에 의해 성립된 『도덕경』의 내용은 "지배계급의 교체"라는 브레히트의 역사관에 부합하는 것으로 나타난다. 친절은 브레히트의 작품들에서 '선함', '도울 자세'들과 함께 지배계급의 교체에 기여

30) B. Brecht, *Über Realismus*, 앞의 곳, 69면 참조.

31) 민중성, 혹은 민중 연대와 관련하여 주목되는 것은 '인간중심주의'가 아닌 생태주의적 세계관이 나타나고 있다는 점이다. 생태주의는 생명을 생명 전체에서 보는 관점이다. 생태계를 보는 관점이다. 생태계에 있는 하나 하나의 생명을 존중하는 관점이다. 다름 아닌 '소'가 존중되고 있다. "노자를 태우고 가는 소는 신선한 풀을/ 씹으며 좋아했다./ 충분히 빠른 것도 좋아하는 이유였다.(3. 연) '소'가 먹는 것을 즐길 줄 아는 존재, 가벼운 것을 편안해하는 존재로 그려지고 있다. 6. 연에서는 노자와 동자, 그리고 소를 합쳐서 "셋"이라고 표현하였다. 브레히트가 만약 '노자'를 수용하면서 생태주의적 세계관을 받아들였다면 브레히트 연구에 새로운 항목 하나가 추가되는 것이다. 브레히트에 의한 '동양 사상의 사용'이 아닌, 동양 사상에 의한 '브레히트의 변화'라는 점에서 말이다.

하는 가장 중요한 모티브들이다.[32)]

② '가르치는 일'과 '배우는 일'의 변증

가르치는 일Lehren을 이론이라고 할 수 있고 배우는 일Lernen을 '이론의 구체화'라고 할 수 있다. 브레히트에게 가르치는 일과 배우는 일은 '하나'였다. 이론과 실천은 '하나'였다. 가르치는 일과 배우는 일이 서로 따로 노는 것이 아니라. 이론과 실천이 서로 따로 노는 것이 아니라.

가르치는 일과 배우는 일의 일치, 이론과 실천의 일치는 저 유명한 '이론과 실천의 변증'과 관계 있다. 브레히트는 1926년 코르쉬K. Korsch를 접하고 마르크스주의자가 되었다. 코르쉬는 교조적 마르크스주의자들과 달리 상부구조와 하부구조의 변증, 이론과 실천의 변증을 인정했다. 상부구조에 대한 하부구조의 영향뿐만 아니라. 이론에 대한 실천의 영향뿐만 아니라, 하부구조에 대한 상부구조의 영향, 실천에 대한 이론의 영향 또한 인정했다. 코르쉬의 말을 직접 들어보자.

---

32) W. Hinck, 앞의 곳, 136-137면 참조.

> 레닌과 그의 추종자들은 변증법에서 객체, 자연, 역사를 일방적으로 강조함으로써 오류를 범하고 있다. 인식을 단지 주관적 의식 속에서의 객관적 존재의 수동적인 반영이며 模寫'로서 간주하고 있다. 이로써 그들은 존재와 의식의 모든 변증법적 관계를, 나아가 이와 불가피한 상관관계에 있는 이론과 실천의 변증법적 관계를 파괴하고 있다.[33)]

상부구조와 하부구조의 변증, 이론과 실천의 변증을 명확하게 천명하고 있다.

「전설」에서 가르치는 일과 배우는 일의 변증은 노자와 세관원의 변증, 혹은 노자의 자세와 세관원의 자세의 변증으로 나타나고 있다. 노자는 가르치려는 자세가 되어 있었고, 세관원은 배우려는 자세가 되어 있었다.

> 그런 것은 혼자만 알고 있으면 안 돼요(8. 연)

라고 한 것이 세관원의 배우려는 자세의 구체화이다.

---

33) K. Korsch, *Marxismus und Philosophie*, Frankfurt/M. 1923, 36면.

묻는 자는 대답을 얻기/마련이지(10. 연)

라고 한 것이 노자의 가르치려는 자세의 구체화이다. 브레히트는 이론과 실천의 변증, 가르치는 일과 배우는 일의 변증이 『도덕경』을 탄생시켰다고 하고 있다.

'이론과 실천의 변증', '가르치는 일과 배우는 일의 변증'에서 물론 '실천'을 강조할 수 있다. '배우는 일'을 강조할 수 있다. '실천' 없는 '이론'은 쓸모없기 때문이다. '배우는 일' 없는 '가르치는 일'은 쓸모없기 때문이다.

배우는 사람 없는 가르침
명성 없는 글 쓰기
어렵다.
[…]
그는 너무 크게 말한다
그는 같은 것을 반복한다
그는 틀리게 말한다
그는 교정되지 않는다.

브레히트의 「배우는 사람 없는 가르침Über das Lehren ohne Schüler」(1935) 맨 앞부분이다. 망명지에서의 글쓰기를 "명성 없는" 자의 글쓰기에 비유하고 있다. 명성 없는 자의 글쓰기는 수신자 없는 글쓰기이다. 독자들은 명성 있는 자의 글을 선호하기 때문이다. 망명지에서의 글쓰기도 수신자 없는 글쓰기이다. 외국인으로서 망명지에서 '명성 있는 자'가 되기 힘들기 때문이다. 이 시에서 "배우는 사람"은 다른 말로 하면 '읽어주는 사람'이다. 읽어주는 사람 없는 글쓰기가 "어렵다"고 토로하고 있다. 앞부분에서 배우는 사람[읽어주는 사람]의 중요성이 관념적으로 강조되었다면, 뒷부분에서는 배우는 사람[읽어주는 사람]의 중요성이 구체적으로 강조되었다.

"너무 크게 말"해도, "같은 것을 반복"해도, "틀리게 말"해도 "교정"해줄 사람이 없다고 하였다. '교정'은 물론 독자에 의한[배우는 자에 의한] 교정이다. 「전설」에서처럼 배우는 자의 중요성이 강조되고 있다. 「전설」에서도 배우는 사람의 중요성이 구체적으로 강조되었다. 세관원의 請이 『도덕경』의 성립에 중요한 일조를 한 것으로 나타났기 때문이다. 「전설」보다 한 걸음 더 나아간 것은 배우는 사람이 가르치는 사람을 교정할 수 있다고 한 것이다. 이점에서 힝크가 "브레히트에 있어서 배우는 자는 질문하는 자로서 항상 선생이 된다"[34]라고 말한 것은 설득력 있다.

가르치는 일과 배우는 일의 변증(혹은 가르치려는 자세와 배우려는 자세의 변증)으로 탄생한 『도덕경』은 이제 '사용'되게 되었다. 브레히트가 「전설」을 "노자에게 지혜를 간청한/ 세관원에게도 감사해야 한다"라고 끝맺은 것은 세관원이 『도덕경』의 탄생에 일조하였다는 것을 강조한 것이면서, 동시에 『도덕경』이 '이제 사용되게 되었다'는 것을 강조한 것이다. 노자의 머리 속에 있는 도덕경은 '사용할 수 없는 도덕경'이고, 세관원의 손에 쥐어진 도덕경은 사용할 수 있는 도덕경이다. "작품은 사용을 통해 비로소 완성된다."[35]

③ 변혁의 문학

브레히트는 역사적 인물 노자, 그리고 노자의 구체화인 『도덕경』에서 '변혁'의 모티브를 찾아냈다.

---

34) W. Hinck, 앞의 곳, 139면.

35) F. N. Mennemeier, *Bertolt Brechts Lyrik. Aspekte, Tendenzen*, Düsseldorf 1982, 172면.

움직이는 부드러운 물이 시간이 지남에 따라
힘을 가진 돌을 이긴다는 것,
그대는 단단한 것이 진다는 것을 아시는지(5. 연)

동자가 세관원에게 한 말이다. 『도덕경』 78장을 '변주'한 것이다. 다시 인용하면 다음과 같다.[36)]

온 세상에서
물보다 더 부드럽고 물보다 더 약한 것은 없다.
[…]
약한 것이 강한 것을 이기고
부드러운 것이 딱딱한 것을 이긴다는 것을

---

36) 각주 15) 참조; 『도덕경』 36장 및 76장과도 관계 있다. 36장에서 "부드러운 것이 딱딱한 것을 이기고, 약한 것이 강한 것을 이긴다"라고 하였고, 76장에서 "사람이 생명을 유지하고 있을 때에는 부드럽고 약하지만, 죽으면 딱딱하고 강하다. 풀과 나무도 생명을 유지하고 있을 때에는 부드럽고 연하지만, 죽으면 마르고 뻣뻣하다. 그러므로 딱딱하고 강한 것은 죽음의 무리이고, 부드럽고 약한 것은 삶의 무리이다.// 그러므로 군대가 강하면 패배하고, 나무가 강하면 꺾인다. 강한 것과 큰 것은 아래쪽에 있고, 부드러운 것과 약한 것은 위쪽에 있다."라고 하였다.

지상의 모든 사람들은 알고 있다.
하지만 아무도 이 법칙에 따라 행동하지 못한다.

'강한 파시즘을 약한 민중이 결국은 이겨낸다는 것'에 대한 알레고리로 볼 수 있다.[37] 더 정확히 말하면 브레히트가 『도덕경』 78장을 알레고리로 이용한 것. '강한 파시즘' '약한' 민중이라고 한 것은 첫째, 「전설」이 파시즘이 기승을 부리고 있던 1938년에 쓰여졌기 때문이다. 둘째, 『도덕경』 78장의 "약한 것이 강한 것을 이기고"의 '강한stark'이 '힘을 가진 mächtig'으로 변주되었기 때문이다. "힘을 가진 돌"을 권력을 가진 돌, 권력을 가진 파시즘으로 보는 것이다.

약함/강함, 부드러움/딱딱함의 대조들을 '적대적 계급관계'에 대한 알레고리로 볼 수 있다. '지배체계의 변화'에 대한 알레고리로 볼 수 있다. 물론 약함이 강함을 이기고, 부드러움이 딱딱함을 이긴다는 것이다.

---

37) Ch. Bohnert, *Brechts Lyrik im Kontext. Zyklen und Exil*, Königstein i. Ts. 1982, 100면 참조.

희곡 『제2차세계대전 중의 슈바이크Schweyk im Zweiten Weltkrieg』에 나오는 「몰다우의 노래」는 이점에서 주목된다. 딱딱한 이미지와 부드러운 이미지가 서로 대립하고 있다. 지배체계의 변화에 대해 얘기하고 있다.

> 시절이 달라지고 있다네. 폭력이 힘을 쓰지 못한다네.
> 몰다우 강바닥에 돌멩이들이 돌아다니고 있다네.
> 프라하에는 세 명의 황제들이 묻혀 있다네.
> 커다란 것은 계속 커다랗지 않고, 작은 것은 계속 작지 않다네.

"돌멩이들"은 딱딱함을 표상하고, 흐르는 "몰다우"는 부드러움을 표상한다. 부드러움이 딱딱함을 이겼다고 하고 있다. 몰다우의 부드러움이 돌멩이들의 딱딱함을 삼킨 것이기 때문이다. "프라하"에 "세 명의 황제들이 묻혀 있"는 것처럼 "몰다우 강바닥에 돌멩이들"이 가라앉아 있다고 하고 있다.

'약한 것이 강한 것을 이긴다'는 모티브는 「쇠」에서도 사용되었다.

오늘 밤 꿈에서 나는
거대한 폭풍우를 보았다.
폭풍우는 공사 중인 건물의 발판을 뒤흔들고
받침대를
쇠로 된 받침대를
나꿔채 갔다.
그런데 나무로 된 것은
휘어졌기에 살아남았다.[38]

이 시가 수록된 만년의 시집 『부코 비가Buckower Elegien』(1953)는 '1953년 6월 17일 노동자 봉기'와 밀접한 관련이 있다. 대개의 시들은 여기에 자극 받아 쓰여졌다. "나무"의 '휘어짐 · 부드러움'은[39] 민중을 표상하고, "쇠"의 '굳음 · 딱딱함'은 노동자들을 강제 진압한 동독 공산주의 당국을 표상하는 것으로 보인다. 파시즘 비판에 대한 알레고리로 쓰였던 것이 공산

---

38) J. 링크, 「브레히트와 말코브스키의 서정시 혁신」, 김용민 옮김, 『담론 분석의 이론과 실제』, 문학이론연구회 엮음, 문학과지성사, 2002, 127면 참조.

39) 『도덕경』 76장에 "나무가 강하면 꺾인다"는 표현이 있다. 각주 36) 참조.

주의 비판에 대한 알레고리로 사용되었다. 역사의 아이러니가 아닐 수 없다. 알레고리는 '무상한 알레고리', '역사적 알레고리'이다.

물론 다른 견해도 있다. 교훈 일변도의 경직된 문학을 강요하는 동독 당국에 대해 브레히트가 민중의 지혜를 좇아 '허리를 굽혔고'["휘어졌"고], 그리고 "살아남았다"라고 보는 것이다.[40] '살아남는 지혜' 또한 브레히트의 주요 화두 중의 하나라는 점에서 설득력이 있다.[41]

그러나 브레히트가 당시의 한 메모장에 "끔찍한 6월 17일"이라고 기록했고, 그리고 '동독 당국이 "노동자들을 얻는 기회"를 상실했다'고 기록했다는 점에서[42] 「쇠」는 '철'의 공산주의, '철'의 스탈린주의에 대한 의심의 구체화라고 보는 것이 더 설득력 있어 보인다. 물론 여기에서도 '굽힘[휨]과 살아남음'의 철학

---

40) H. Weinrich, *Bertolt Brecht - Eisen*, in: *Ausgewählte Gedichte Brechts mit Interpretationen*, hrsg. v. W. Hinck, Frankfurt/M. 1978, 138면 참조.

41) 각주 19) 참조.

42) B. Brecht, *Werke in 30 Bdn*, 앞의 곳, Bd. 27, 346면.

은 적용된다. 민중은 '전체주의로부터 살아남아야 한다'고 한 것으로 보는 것.[43)]

민중 주체의 변혁론은 「전설」에서 세관원이

나는 세관원에 불과하지만
누가 누구를 이기는 것에 대해서 관심이 있소.
그것을 안다면 말해주시구려.(7연)

라고 한 것과도 관계있다. 브레히트는 "우리의 목전에 민중이 있다. 그들이 역사를 만들고, 그들이 세계와 자기 자신을 변화시킨다. 그들은 투쟁하는 민중이다"[44)]라고 말하고 있기 때문이다. "누가 누구를 이기는 것에 대해서 관심이 있"는 세관원은 '투쟁하는 민중'의 구체화이다.

---

43) 「쇠」는 김수영의 「풀」을 떠올리게 한다. "풀이 눕는다. 바람보다 더 빨리 눕는다. [⋯] 바람보다 먼저 일어난다." '풀'이 민중을 표상한다고 보면 「쇠」에서의 나무의 '휨'과 「풀」에서의 풀의 '누움'은 대체의 관계에 있다.

44) B. Brecht, *Über Realismus*, 앞의 곳, 69면.

④ 인식의 문학

「전설」은 그리고 '인용'과 관계 있다. 광의의 의미에서도 '인용의 시'이고, 협의의 의미에서도 인용의 시이다. 광의의 의미에서 인용의 시라고 하는 것은 「전설」 자체가 『도덕경』의 발생사에 대한 시이기 때문이다. 『도덕경』의 발생사가 시의 기본 모티브이기 때문이다. 협의의 의미에서 인용의 시라고 하는 것은 『도덕경』의 한 구절이 인용되었기 때문이다.

브레히트의 '생소화효과'와 '인용'은 서로 밀접한 관계에 있다.[45] 정확히 말하면 인용이 생소화효과를 일으킨다. '인용'이 사건을 중단시키고 관객으로(혹은 독자로) 하여금 사건과 거리를 두게 하기 때문이다. 생소화효과의 주요 범주가 중단[46] 및 거리이기 때문

45) 브레히트는 "몽타주와 인용 속에 생소화효과가 있다"며 인용의 생소화효과를 명시적으로 밝혔다. B. Brecht, *Werke in 20 Bdn*, 앞의 곳, Bd. 15, 366면 참조; 브레히트는 루카치와 달리 모더니즘의 여러 기법들을 용인하고 있다. '목적'을 위해서라면 부르주아 예술의 기법들도 사용할 수 있다고 하였다. 부르주아 예술의 기법 중 대표적인 것이 인용, 혹은 몽타주이다.

46) 발터 벤야민, 「서사극이란 무엇인가」, 『발터 벤야민의 문예이론』, 반성완 편역, 민음사 1995, 56-57면 참조.

이다. 중단과 거리가 자명한 것을 자명하지 않은 것으로 인식하게 하기 때문이다.

자명한 것을 자명하지 않은 것으로 인식하게 한다는 것은 다른 말로 하면 "사건들 뒤의 사건"[47], 즉 "사회적 인과관계의 복합체"[48]를 인식하게 한다는 것이다. 모순을 인식하게 한다는 것이다. 모순의 인식은 변혁과 밀접한 관계에 있다.

> 세계의 변화 가능성은 세계의 모순성에 근거하고 있다.[49]

역시 브레히트의 말이다.

「전설」에 '인용'에 의한 생소화효과만 있는 것이 아니다. 다른 목소리[주석적 자아]에 의한 생소화효과가 있다. 12. 연의 다섯째 행, 13. 연의 다섯 개 행 전부가 '다른 목소리'의 말이다.

---

47) B. Brecht, *Werke in 30 Bdn*, 앞의 곳, Bd. 22-2, 519면.

48) B. Brecht, *Über Realismus*, 앞의 곳, 70면.

49) B. Brecht, *Werke in 20 Bdn*, 앞의 곳, Bd. 16, 925면.

드디어 어느 날 아침 동자가 세관원에게
여든 한 개의 경구를 건네었다.
약간의 노잣돈에 감사하며
노자와 동자는 숲을 돌아 암벽을 향해 갔다.
말해 보라: 이보다 더 공손할 수 있을까.(12. 연)

그러나 우리는 그 이름이 책 표지에서 휘황하게
빛나는 현자만을 기리지 않는다.
현자에게서 지혜를 빼어내야 하기 때문이다.
노자에게 지혜를 간청한
세관원에게도 감사해야 한다.(13. 연)
(강조는 필자)

'진한 글씨체'가 다른 목소리들이다. 다른 목소리가 튀어나와 사건을 중단시키고 독자로 하여금 거리를 두게 하였다. 노자의 "공손"(혹은 친절)이 『도덕경』을 완성하게 하였다는 점을 인식시키고 있고(12. 연), 세관원도 『도덕경』의 완성에 대해 일조하였다는 점을 인식시키고 있다(13. 연). 인식은 생소화효과의 목표이다.

V. 나가며

본고는 '노자'라는 소재가 브레히트에 의해 어떻게 사용되었는지를 밝히려고 하였다. 브레히트의 '『도덕경』 발생사' 수용 및 『도덕경』 수용에서 중요한 것은 브레히트의 세계관 및 예술관이었다. 브레히트의 세계관 및 예술관과 브레히트의 '『도덕경』 발생사' 및 『도덕경』에 대한 이해는 동전의 양면이었다. 브레히트의 세계관 및 예술관과 '『도덕경』 발생사' 및 『도덕경』의 '행복한 일치'를 말할 수 있다. 브레히트의 세계관 및 예술관은 브레히트의 '『도덕경』 발생사' 및 『도덕경』에 대한 이해와 정확히 일치했다. 민중성, '가르치는 일'과 '배우는 일'의 변증, 변혁의 문학(생소화효과) 등이 브레히트의 세계관 및 예술관의 주요 범주들이라면, 이 범주들은 또한 브레히트의 '『도덕경』 발생사' 및 『도덕경』에 대한 이해의 주요 범주들이었다.

첫째, 민중성에 대하여: '『도덕경』 발생사'에서 자신의 중요한 예술관인 '민중성'을 발견하고 이를 「전설」에서 구체화하였다.

둘째, '가르치는 일'과 '배우는 일'의 변증에 대하여: '『도덕경』 발생사'에서 자신의 중요한 예술관인 '가르치는 일'과 '배우는 일'의 변증, 혹은 '이론과 실천의 변증'을 발견하고 이를 「전설」에서 구체화하였다.

셋째, 변혁의 문학에 대하여: 『도덕경』 78장에서 변혁의 예술관을 찾아내고, 이를 「전설」에서 구체화하였다. '약한 것이 강한 것을 이기고 부드러운 것이 딱딱한 것을 이긴다는 것'은 「전설」뿐만 아니라, 「몰다우의 노래」, 「쇠」, 그리고 희곡을 포함한 브레히트의 여러 작품들에서 변주되어 나타났다.

이 모든 것은 브레히트의 '사용가치의 예술관'과 밀접한 관계에 있다. 이것이 '브레히트의 사용가치의 예술관'을 별도의 항목으로 만들어 고찰한 이유이다.

부록 2

사랑에 대하여

– 브레히트의 '사랑의 시'들 –

그대에게는 약점이 없었소
내게는 하나 있었소
내가 사랑했다는 것
– 베를라우, 「약점」

1

'인간들'에 대한 사랑과 '한 인간'에 대한 사랑은 별개이다. 인간들에 대한 '사랑'은 없지만 한 인간에 대한 사랑은 있을 수 있고, 한 인간에 대한 사랑은 없지만 인간들에 대한 사랑은 있을 수 있다. 쉽게 말해

아가페와 에로스의 '별개'이다.

인간은 세계사적 존재이거나 개인사적 존재이다. 세계사적 존재의 세목들은 물론 많다. 여기서의 세계사적 존재는 세계시민적 존재를 말하는 것. 세계사적 존재는 세계시민에 가깝고, 개인사적 존재는 '소시민'에 가깝다. 세계시민사상은 박애주의의 다른 말이고, 소시민성은 自己愛의 다른 말이다.

사르트르식으로 말하면 실용주의 지식인과 보편주의 지식인이 있다. 보편주의 지식인은 인류 다수를 생각하는 지식인이다. 실용주의 지식인은 자기 자신의 이익만을 생각하는 지식인, 혹은 자기를 먹고살게 해주는 집단의 이익만을 생각하는 지식인이다. 지동설을 증명했을 때 갈릴레이는 보편주의 지식인이 될 수 있었다. 지동설은 단순한 과학 혁명이 아니라, 정치 · 경제 · 사회 혁명이었기 때문이다. 고문 받을 것이 두려워 지동설을 철회함으로써 실용주의 지식인에 머물 수밖에 없었다. 물론 실용주의 지식인도 지식인이고, 보편주의 지식인도 지식인이다.

브레히트는 세계사적 존재이기도 하고, 개인사적 존재이기도 하다. '세계는 변화되어야 한다'가 그의 모토였다. 이웃의 행복이 '나'의 행복이었다. 변화의 주체는 '구조 당하는' 자, 변화의 객체는 '구조 하는' 자였다. 구조적 모순에 대한 대응이 소위 '생소화효과'였다. 낯설게 해서 구조적 모순을 보게 하였다. 구조적 모순은 '전체'(혹은 보편주의)를 알면 보였다.[1) 브레히트의 말을 빌면 "사회적 인과 관계의 복합체"[2) 를 알면 보였다.

브레히트의 세계시민사상은 "독일의 문학적 용모"[3)를 바꾸었다. 문학예술사에서 브레히트의 이러한 변혁의 세계관은 사르트르에 견줄만하다.

---

1) '전체에 대한 관심'은 헤겔미학적 전통이다. 루카치는 1932년 "참된 것은 전체다"라는 헤겔의 말을 인용하며 변동하는 전체로서의 현실을 보여주지 못하고 부분진리만을 보여주는 것은 필경 진리의 왜곡에 기여한다고 하였다. G. Lukács, *Werke*, Bd. 4, 46면.

2) B. Brecht, *Über Realismus*, hrsg. v. W. Hecht, Frankfurt/M. 1971, 70면.

3) 1922년 연극평론가 예링H. Jhering은 브레히트를 '클라이스트 상' 수상자로 결정하기 바로 전 "24살의 시인 브레히트가 하룻밤 사이에 독일의 문학적 용모를 바꾸었다"라고 말했다. B. Brecht, *Ich bin aus den schwarzen Wäldern. Augsburg und München*, Frankfurt/M. 1994, 135면 참조.

문제는 개인사적 존재로서의 브레히트이다. 브레히트는 '여러 여성들'을 사랑하였다. 한 사람을 행복하게 해준 것이 아니라, 여러 사람을 행복하게 해주었다. 문제는 '남녀의 사랑'이다. 남녀가 사랑하다가 남자가 다른 여성을 사랑한다면 먼저 여성은 더 이상 행복하지 않다. 다른 여성을 사랑하다가 또 다른 여성을 사랑한다면 역시 먼저 여성은 더 이상 행복하지 않다. 브레히트는 많은 여성들을 안 행복하게 하였다. 남녀 간의 사랑에 관한 한 브레히트의 사랑은 自己愛의 사랑이었다. 물론 역도 마찬가지이다. 브레히트가 여성이라면 브레히트의 사랑은 '여러 남성들'이다. 여러 남성들이 안 행복했을 것이다. 브레히트는 행복했을 것이다.

조롱 속의 짝 잃은 문조,
그 안에 작은 거울을 넣어주었더니
거울에 비친 자기를 제 짝인 양
생이 다하도록 행복해 했다는 이야기
– 유하, 「나의 사랑은 나비처럼 가벼웠다」 부분

본시 남녀 사랑의 '사랑'은 '자기 사랑'이 아닐지. 사랑하고 있는 자기 자신을 사랑하는 것이 아닐지. 괜히 '사랑한다'고 하는 것은 아닐지. 괜한 '사랑의 시'를 짓는 것은 아닐지.

2

브레히트의 수많은 '한 인간'에 대한 사랑은 '인간들에 대한 사랑'의 구체화일까. 그래서 수많은 여성들과 사랑행각을 벌였을까. 그렇더라도 수많은 여성들의 비통함은 인간들에 대한 사랑과 모순된다. 위대한 정신은 자주 모순되는 태도를 취한다? 그들은 '그때'의 기분에서 나올 수 있는 최고의 진리를 추구한다?

브레히트는 나이 26에 세 여성으로부터 세 아이를 두었다. 반홀처P. Banholzer에게서 아들 프랑크Frank를, 첫 번째 부인 오페라 가수 초프M. Zoff에게서 딸 한네Hanne를, 두 번째 부인 바이겔H. Weigel에게서 아들 슈테판Stefan을 두었다. 바이겔은 나중에 딸 바바라Barbara를 출산하였다. 1929년 브레히트가 바이겔과 결혼했을 때 작업 동료 하우프트만E. Hauptmann은 자살을 기도했고,[4] 플라이서M. Fleißer는 브레히트 곁을 떠났다.[5]

브레히트는 1933년 '망명'을 시작한 이후 망명 기간의 상당 부분을 두 번째 부인 바이겔과[6] 작업 동료 슈테핀M. Steffin, 그리고 베를라우R. Berlau 등과 보냈다. 베를라우는 1933년 코펜하겐에서 처음 만난 이래 브레히트의 작업 동료이자 연인이었다. 베를라우는 미국 망명 시절 브레히트의 아이를 사산하였다. "사랑 관계 · 일 관계Liebes- und Arbeitsbeziehung"[7]의 전형은 누구보다도 슈테핀의 경우였다. 브레히트는 슈테핀이 병사했다는 소식을 블라디보스톡으로 가는 기차

---

4) 하우프트만은 망명에서 돌아온 후 브레히트의 극단 '베를린 앙상블'의 드라마투르크가 되었다. 그후 브레히트로부터 브레히트 사후 브레히트의 모든 책들을 관리하도록 위임받았다.

5) 작업 동료로서의 '브레히트의 여성들'에 대해서는 송동준, 「브레히트의 여인들」, 『브레히트와 현대 연극』, 제11집, 2002 참조.

6) 바이겔은 브레히트의 평생의 동반자였다. 헤히트는 바이겔이 브레히트가 죽기까지 30년 동안 브레히트 곁을 지킬 수 있었던 요소로 헌신적 사랑 및 '실질적' 도움, 그리고 위대한 인간에 대한 대범한 이해 등을 들었다. B. Brecht, *Gedichte über die Liebe*. Ausgewählt von W. Hecht, Frankfurt/M. 1982, 239면 참조.

7) B. Brecht, *Werke*, Bd. 11(GBA), 359면.

안에서 들었다(1941). 브레히트는 슈테핀을 위해 모두 13편의 소네트를 썼다.

그대를 투덜이[8]라고 부를 때가 가장 좋아
그대가 투덜거릴 때가 마음에 들어
그대는 나에게 해명을 요구하면서도
인쇄할 페이지들을 정리하지
나는 슬며시 그대 다리에 손을 얹고
[…]
나의 놀람은 여기서 끝나지 않네
그대 안에 분명히 어떤 기쁨이 크고 있다는 것
면밀한 새로운 텍스트를 쓰리라는 것
그리고 갑자기 내 손을 잡으리라는 것

Am liebsten aber nenne ich dich Muck
Weil du mir, wenn du aufmuckst, so gefällst
Wenn du den Klassiker zur Rede stellst
Sei's, dass du Seiten ordnest für den Druck
Sei's, dass er dich schnell anlangt an den Beinen.
[…]

---

8) '투덜이'로 번역한 독일어의 Muck는 브레히트가 부르는 슈테핀의 애칭이었다.

Und mein Erstaunen ist noch nicht vorüber
Wenn in dir sichtlich eine Freude wächst
Und streng noch schreibst du hin den neuen Text
Und plötzlich holst du dir dann mene Hand.

-「열 번째 소네트Das zehnte Sonett」
(1933/1934) 부분

소네트 첫째 연과 마지막 연이다. 전기적 해석에 기대면 첫째 연은 과거형에 대한 기술이고 마지막 연은 미래형에 대한 기술이다. 브레히트는 덴마크 스벤보르에서 당시 파리에 머물고 있었던 슈테핀을 기다리고 있었다. 마지막 연 마지막 행은 빨리 오라는 브레히트의 신호이다.

"다리에 손을 얹"는 행위와 "손을 잡"는 행위는 에로티즘의 영역이다. "인쇄할 페이지들을 정리하"는 것과 "텍스트를 쓰"는 것은 일의 영역이다. 일과 에로티즘이 동시에 이루어지고 있다. 간단히 말하면 일하면서 '에로티즘하고', 에로티즘하면서 일한다. 풀트에 의하면 "일과 사랑의 목가"[9]이다.

---

9) W. Fuld, *Verführung durch Arbeit*, in: *Deutsche Gedichte und ihre Interpretationen*, Frankfurt/M. 1996, Bd. 7, 199면.

에로티즘이 일에 도움을 준다면 에로티즘은 소비의 에로티즘이 아니라, 생산의 에로티즘이다. 바타이유에 의하면 에로티즘은 소비의 에로티즘이었다. 태양은 받는 것 없이 주기만 하므로, 지상에는 에너지가 넘쳐나므로, 절대 소비 행위가 필요하였다. 바타이유에 의하면 에로티즘과 예술이 절대 소비 행위였다. 에로티즘과 예술은 벽돌 한 장 찍어내는 행위와 다르다는 것이다. 돈을 벌려고 섹스하지 않는다는 것이다. 돈을 벌려고 시 한 편 짓지 않는다는 것이다. 브레히트의 여러 작품들은 생산의 에로티즘의 구체적 예이다. 많은 작품들이 여성들과의 공동 작업에 의해 만들어졌다. 브레히트의 여인들은 작업 동료이면서 연인이었다.

에로티즘과 14행 소네트 형식의 결합이 그로테스크하다. 소네트 형식이 에로티즘에 위엄을 부여하였다.

> 브레히트는 '생각'에서도 '쓰기'에서도 금기라는 말을 알지 못했다.[10)]

---

10) B. Brecht, *Gedichte über die Liebe,* a. a. O., 238면 참조.

브레히트의 사전에 금기라는 말은 없었다. 내용 사전에서도 없었고 형식 사전에서도 없었다. 에로티즘을 소네트 형식에 담았고, 몽타주 기법을 변혁의 문학에 이용하였다.[11] 브레히트 문학에 활력이 넘쳐난다면 바로 이런 이유 때문이리라.

3

브레히트의 수많은 '사랑의 시'들은 그때그때마다의 기분에 나온 것들이다. 널리 알려진 두 편의 시가 있다. 「마리 A에 대한 추억Erinnerung an die Marie A.」(1920), 그리고 「사랑하는 이들Die Liebenden」(1928)이다.[12] 공약수는 '사랑의 무상'이다.

---

11) "몽타주와 인용 속에 '생소화효과'가 있다." B. Brecht, *Werke*, Bd. 15(GW), 366면.

12) 블로흐E. Bloch가 서문을 쓰고, 독일의 대표적 시인들이 선별한 '브레히트 시선집'이 있다. 시인들이 각각 3편의 시를 추천했는데 누계 1위가 「후손들에게」(6), 2위가 「사랑하는 이들」(5), 3위가 「마리 A에 대한 추억」(3)이었다. 「죽은 병사의 전설」(2), 「위대한 감사송」(2), 「물에 빠져 죽은 소녀에 대하여」(2)가 그 뒤를 따랐다. B. Brecht, *Gedichte*, Frankfurt/M. 1975.

1

푸르른 9월 어느 날 어린 자두나무 아래서
나는 그녀를 조용히 품에 안았네.
그 고요하고 창백한 사랑
마치 부드러운 꿈인 듯 했네.
우리 머리 위 아름다운 여름 하늘에는
구름 한 점 떠있었네. 그 구름을 나는 오래 쳐다보았네.
아주 하얗고 엄청 높은 곳에 있던 구름.
내가 다시 올려 보았을 땐 사라지고 없었네.

2

그 날 이후 수많은 달, 수많은 세월이
조용히 흘러 흘러 사라져갔네.
자두나무들은 아마 베어졌을 것.
사랑이 어떻게 됐느냐고 그대가 물으면
기억나지 않는다고 말하리.
그대가 말한 뜻을 나는 이미 알고 있지만
정말이네. 그녀 얼굴이 생각나지 않네.
다만 그녀 얼굴에 언젠가 키스했다는 사실뿐.

3

그 키스도 구름이 여기 있지 않았더라면
벌써 오래 전에 잊었을 것이네.
내가 기억하고 있는 구름, 앞으로도 잊지 못할 구름
아주 희었네. 위에서부터 온 것이라네.
자두나무들은 여전히 꽃을 피우고 있을지.
그녀는 일곱 번째 아이를 가지고 있을지도.
그러나 구름은 몇 분 동안만 피어올랐고
내가 올려보았을 때 벌써 바람에 사라지고 없었네.

1

An einem Tag im blauen Mond September
Still unter einem jungen Pflaumenbaum
Da hielt ich sie, die stille bleiche Liebe
In meinem Arm wie einen holden Traum.
Und über uns im schönen Sommerhimmel
War eine Wolke, die ich lange sah
Sie war sehr weiß und ungeheuer oben
Und als ich aufsah, war sie nimmer da.

2

Seit jenem Tag sind viele, viele Monde

Geschwommen still hinunter und vorbei.
Die Pflaumenbäume sind wohl abgehauen
Und fragst du mich, was mit der Liebe sei?
So sag ich dir: Ich kann mich nicht erinnern
Und doch, gewiss, ich weiß schon, was du meinst.
Doch ihr Gesicht, das weiß ich wirklich nimmer
Ich weiß nur mehr: ich küsste es dereinst.

3
Und auch den Kuss, ich hätte ihn längst vergessen
Wenn nicht die Wolke dagewesen wär
Die weiß ich noch und werd ich immer wissen
Sie war sehr weiß und kam von oben her.
Die Pflaumenbäume blühn vielleicht noch immer
Und jene Frau hat jetzt vielleicht das siebte Kind
Und jene Wolke blühte nur Minuten
Und als ich aufsah, schwand sie schon im Wind.

–「마리 A에 대한 추억」 전문

"마리 A"는 브레히트가 뮌헨 대학에 입학하기 전, 아욱스부르크 시절에 사귀었던 마리 로제 아만Marie Rose Aman을 가르킨다. 간단히 말해 '청소년 시절의 사랑'이다. 원래 제목은 「감성적 노래 1004번 Sentimentales Lied No. 1004」이었다. 1004는 돈 주앙이 그의 스페인 수첩에 써놓은 '여성 1003'보다 하나 많은 수. 이후의 브레히트의 여성 편력을 스스로 예견한 듯하다.

이 시의 주요 제재는 "구름"이다. "아주 하"얀 구름이다. 아주 하얀 구름이므로 순수를 상징한다. 순수한 사랑을 상징한다. "엄청 높은 곳에 있"는 구름이므로 구름은 또한 초자연적인 힘, 혹은 절대성을 상징한다. 절대적 사랑을 상징한다. "다시 올려 보았을 땐" 구름은 이미 "없었"으므로 구름은 또한 허망을 상징한다. 허망한 사랑을 상징한다. 구름은 순수한 사랑이었고, 절대적 사랑이었고 허망한 사랑이었다. 김상룡이 「남으로 창을 내겠소」에서 "구름이 꼬인다 갈 리 있소"라고 읊었을 때 '구름'은 유목민의 삶, 도시인의 삶을 상징했었다. 구름은 떠돌아다니는 구름이기도 하기 때문이다. 유하가 「구름의 운명」에서

육체와 허공이 한 몸인 구름

이라고 읊었을 때 구름은 '색즉시공 공즉시색'의 구름

이었다. 있지만 없고, 없지만 있는 구름이었다. 손을 쑥 집어넣으면 손이 쑥 들어가는 구름이었다. '손을 쑥 집어넣으면 손이 쑥 들어가는 구름'은 '허망'과 인접의 관계에 있다. 브레히트는 「마리에 대한 추억」에서 구름의 목록에 순수한 구름, 절대적 구름, 허망한 구름을 동시에 추가하였다.

구름이 사랑을 상징하였다면 순수한 사랑, 절대적 사랑, 특히 '허망한 사랑'만을 노래했다고 볼 수 없다. 셋째 연 셋째 행 "내가 기억하고 있는 구름, 앞으로도 잊지 못할 구름"에 주목하는 것이다. 무엇보다도 제목 「마리 A에 대한 추억」에 주목하는 것이다. 다름 아닌 기억 속에 있는 사랑도 사랑이라고 보는 것이다.

고전 시학을 엄격하게 준수하려고 하였다. 3개의 슈탄체Stanze[8행시]로 구성되어 있고 각각의 슈탄체에서 둘째 행과 넷째 행의 각운이 같다. 각 행은 5음보 약강격의 운율을 가지고 있다. 5음보 약강격이란 약/강의 음보가 5번 이어지는 것을 말한다.

변증법적 구조를 취하고 있다. 둘째 연은 첫째 연의 반명제이고, 셋째 연은 둘째 연의 반명제이다. 주목되는 것은 명제의 '내적 모순'이 반명제의 바로 앞

행, 즉 명제의 끝 행을 통해 매번 제시되고 있다는 점이다. 첫째 연의 앞의 7개 행과 뒤의 1개 행[끝행]이 모순의 관계에 있고, 둘째 연의 앞의 7개 행과 뒤의 1개 행이 모순의 관계에 있다. 첫째 연의 끝 행과 둘째 연의 끝 행이 각각 둘째 연과 셋째 연을 예비하였다.[13)]

셋째 연의 앞의 6개 행과 뒤의 2개 행도 모순의 관계에 있다는 점에서, 다시 말해 또 하나의 반명제를 예견하게 한다는 점에서, '부정의 변증'의 시라고 할 수 있다. 부정의 변증은 완성에 대한 거리이다. 완성을 계속 유보시키는 것이다.[14)]

---

13) 우리 시에서 찾아보기 힘든 구조이다. 우리 시는 상대적으로 경직되어 있다. 상호 긴밀한 내적 긴장 구조가 중시되고 있다. '완성도'가 중시되고 있다. 단어와 단어. 행과 행, 연과 연이 일사불란한 체계를 갖추고 있어야 한다. 하나를 향해 달려가야 한다. 중심이 여러 군데 있는 시(쓰기)도 가능하고 중심이 없는 시(쓰기)도 가능하다. 물론 중심이 한 군데 있는 시(쓰기)도 가능하다.

14) '부정의 변증'은 아도르노, 호르크하이머들에 의하면 유토피아에 대한 거리이다. 고정의 망령, 불변의 망령, 즉 신화의 망령에 빠지지 않게 하는 것이다.

4

「사랑하는 이들」에서 '사랑하는 이들'은 두루미로 비유되었다. 역시 '구름'이 주요 제재로 쓰였다.

> 커다란 원을 그리며 나는 두루미들을 보라!
> 두루미들이 날아가 버리니 함께 있던
> 구름들도 같이 따라가네.
> 하나의 삶에서 다른 삶으로.
> 같은 높이에서 같은 속도로 가니까
> 그 둘은 항상 같이 있는 것처럼 보여.
> 그들이 잠시 날았던 아름다운 하늘을
> 저 두루미는 구름과 함께 분할하려는 듯.
> 어느 하나도 머무르려고 하지 않지.
> 하나는 다른 하나의 움직임만을 볼 뿐,
> 둘은 바람을 감지하면서
> 저렇게 나란히 날아가고 있네.
> 바람이 그들을 無 속으로 데려갈 수 있을지.
> 둘이 소멸하지 않고 계속 같이 있으면.
> 그동안 둘을 어떤 것도 건드리지 않을 거야,
> 비가 위협하고 총 소리가 위협하는 곳에서
> 멀리 벗어나 있을 수 있을 거야.
> 그래, 둥근 태양과 둥근 달 아래로

그들은 날아가고 있어, 서로에게 푹 취해서.
어디로 가지, 그대들은? — 어느 곳도 아냐.
누구로부터? — 모든 이로부터.
얼마 동안 그들은 같이 있었느냐고? - 방금 전부터.
언제 헤어질 거지? - 조금 있다가.
사랑은 의지할 곳처럼 보일 뿐이야.

Sieh jene Kraniche in großem Bogen!
Die Wolken, welche ihnen beigegeben
Zogen mit ihnen schon, als sie entflogen
Aus einem Leben in ein andres Leben.
In gleicher Höhe und mit gleicher Eile
Scheinen sie alle beide nur daneben.
Dass so der Kranich mit der Wolke teile
Den schönen Himmel, den sie kurz befliegen
Dass also keines länger hier verweile
Und keines andres sehe als das Wiegen
Des andern in dem Wind, den beide spüren
Die jetzt im Fluge beieinander liegen
So mag der Wind sie in das Nichts entführen
Wenn sie nur nicht vergehen und sich bleiben
So lange kann sie beide nichts berühren

So lange kann man sie von jedem Ort vertreiben
Wo Regen drohen oder Schüsse schallen.
So unter Sonn und Monds wenig verschiedenen Scheiben
Fliegen sie hin, einander ganz verfallen.
Wohin, ihr? – Nirgend hin. – Von wem davon? – Von allen.
Ihr fragt, wie lange sind sie schon beisammen?
Seit kurzem. – Und wann werden sie sich trennen? – Bald.
So scheint die Liebe Liebenden ein Halt.

–「사랑하는 이들」 전문

"두루미들"의 동무는 "구름", "하늘", "바람"이었다. 구름, 하늘, 바람은 서로 인접의 관계에 있다. 공통분모는 실체가 없는 것. 하늘과 바람 역시 구름처럼 손을 쑥 집어넣으면 손이 쑥 들어간다. 구름, 하늘, 바람들은 허망한 사랑의 메타포이다.[15)]

'~한 것처럼 보인다'와 '~한 것으로 보인다'의

15) 하늘에 관한 한, 하늘의 무한성과 사랑의 유한성을 대비한 것일 수 있다. 유한한 사랑 또한 허망한 사랑이다.

차이는 가상과 실재의 차이이다. '사실인 것으로 보인다'는 사실을 전제하고 '사실인 것처럼 보인다'는 사실이 아닌 것을 전제한다. 독일어 동사 scheinen은 '~한 것처럼 보인다'로 번역될 수 있고, '~한 것으로 보인다'로 번역될 수 있다. 「사랑하는 이들」에서 scheinen은 두 곳에 있다. 두 곳에서 다 '~인 것처럼 보인다'로 사용된 것으로 보인다. 가상을 표현한 것이다. 여섯 째 행에서 "그 둘은 언제나 같이 있는 것처럼 보"인다고 한 것은 언젠가는 그렇지 않을 것이라는 것이다. 언젠가는 서로 헤어져 홀로 된다는 것이다. 마지막 행에서 "사랑은 의지할 곳처럼 보일 뿐이야"라고 한 것은 사랑은 잠시 의지할 곳일 수는 있어도 계속 의지할 곳은 아니라는 것이다. 사랑은 변한다는 것이다. 사랑은 허망한 사랑이라는 것이다. scheinen이 표상하는 가상은 허망과 인접의 관계에 있다. 사랑은 가상이라고 하였다.

주목을 끄는 것은 내용과 형식의 일치이다. 허망의 내용을 허망의 형식이 뒷받침하고 있다. 허망의 형식은 다름 아닌 3운구법Terzine이다. 3행이 1절을 이루며, 첫째 행과 셋째 행이 포옹각운으로서 가운데 행을 포옹하고 있다. 가운데 행의 각운이 다음 3운구의 포옹각운이 된다. 3운구법을 무상의 3운구법이라고 하는 것은 각운이 계속 변하기 때문이다. 허망한 사랑을 허망한 3운구법으로 표현하였다. 단테의 『신곡』이 3운구법이었다.

‘부록’ 참고문헌

김용옥, 『노자와 21세기』, 통나무, 2000.

김형효, 『사유하는 도덕경』, 소나무, 2004.

박찬일, 『브레히트 시의 이해』, 연세대학교 출판부, 2004.

송동준, 「브레히트의 여인들」, 『브레히트와 현대 연극』, 제11집, 2002.

이경숙, 『완역 이경숙 도덕경 도경』, 명상, 2004.

이상면, 『브레히트와 동양연극』, 평민사, 2001.

이승진, 「친절한 세상을 위한 브레히트의 “불친절한 시”」, 『독일어문학』 제22집, 11권 3호, 2003.

장석원, 「새로움과 시」, 『현대시』, 2005. 7.

주경민, 「브레히트와 공자」, 『브레히트와 현대연극』, 제10집, 2002.

유협, 『문심조룡』, 최동호 역편, 민음사, 1994.

R. 니스벳, 『생각의 지도』, 최인철 옮김, 김영사, 2004.

J. 링크, 「브레히트와 말코브스키의 서정시 혁신」, 김용민 옮김, 『담론 분석의 이론과 실제』, 문학이론연구회 엮음, 문학과지성사, 2002.

W. 벤야민, 「서사극이란 무엇인가」, 『발터 벤야민의

문예이론』, 반성완 편역, 민음사, 1995.

J. J. 클라크, 『동양은 어떻게 서양을 계몽했는가』, 장세룡 옮김, 우물이있는집, 2004.

J. M. 홉슨, 『서구 문명은 동양에서 시작되었다』, 정경옥 옮김, 에코리브르, 2005.

Benjamin, W., *Gesammelte Schriften in 7 Bänden*, Frankfurt/M. 1989.

______, *Illuminationen*, ausgewählt v. S. Unseld, Frankfurt/M. 1977.

Bohnert, Ch., *Brechts Lyrik im Kontext. Zyklen und Exil*, Königstein i. Ts. 1982.

Brecht, B., *Werke in 20 Bdn(GW)*, Frankfurt/M. 1967.

______, *Werke in 30 Bdn(GBA)*, hrsg. v. W. Hecht u. a., Frankfurt/M. 1988-2000.

______, *Arbeitsjournal in 2 Bdn*, hrsg. v. W. Hecht, Frankfurt/M. 1973.

______, *Gedichte*, Frankfurt/M. 1975.

______, *Gedichte über die Liebe*. Ausgewählt von W. Hecht, Frankfurt/M. 1982.

______, *Ich bin aus den schwarzen Wäldern. Augsburg und München*, Frankfurt/M. 1994.

______, *Über Realismus*, hrsg. v. W. Hecht, Frankfurt/M. 1971.

Bertolt Brechts Buckower Elegien mit Kommentaren von Jan Knopf, Frankfurt/M.(suhrkamp) 1986.

Bürger, P., *Einleitung: Naturalismus und Ästhetizismus als rivalisierende Institutionalisierungen der Literatur*, in: Ch. Bürger/P. Bürger/J. Schulte-Sasse (Hg.), *Naturalismus/Ästhetizismus*, Frankfurt/M. 1979.

______, *Theorie der Avangarde*, Frankfurt/M. 1981.

Fuld, W., *Verführung durch Arbeit*, in: *Deutsche Gedichte und ihre Interpretationen*, Frankfurt/M. 1996, Bd. 7.

Goethe, J. W. v., *Werke in 14 Bdn*, Hamburg 1969.

Hinck, W., *Der Weise und der Wissbegierige*, in: *Interpretationen. Gedichte von Bertolt Brecht*, hrsg. v. J. Knopf, Stuttgart 1995.

Hultberg, H., *Brecht in dänischen Zeitungen*, in: ders., *Die ästhetischen Anschauungen Bertolt Brechts*, Kopenhagen 1962.

Korsch, K., *Marxismus und Philosophie*, Frankfurt/M. 1923.

Lukács, G., *Werke*, Nenwied und Berlin 1971, Bd. 4.

Mennemeier, F. N., *Bertolt Brechts Lyrik. Aspekte, Tendenzen*, Düsseldorf 1982.